JANIS BRADLEY

HUNDE KÖNNEN BEISSEN

ABER LUFTBALLONS UND PANTOFFELN SIND GEFÄHRLICHER

animal Learn® VERLAG

Originaltitel: Dogs Bite: But Balloons and Slippers Are More Dangerous

ISBN 978-3-936188-36-3
Lektorat: Elke Franz, Petra Schmidt
Fotos: Burkhard Pretzer, Annette Gevatter, istockphoto
Satz & Layout: Annette Gevatter, Riegel
Druck: Druckerei Mack GmbH, Schönaich

animal learn Verlag, Am Anger 36, 83233 Bernau
email: animal.learn@t-online.de, www.animal-learn.de

INHALT

ÜBER DIE AUTORIN

Nach einer mehr als 20jährigen Laufbahn als Dozentin wechselte Janis Bradley im Jahr 2000 an die Academy for Dog Trainers SFSPCA, an der sie und ihre Kollegen mehr als 300 Studenten auf ihre Laufbahn als professionelle Hundetrainer vorbereitet haben.

Zusammen mit ihrem Dobermann Ruby und ihrem Greyhound Henry lebt sie in Oakland, Californien.

DANKE!

Ich möchte mich herzlich bei Jean Donaldson bedanken, ohne deren Unterstützung, Insiderwissen, Inspiration und unbeugsamen Willen, über alle Themen der Verhaltensforschung zu sprechen, dieses Buch nie geschrieben worden wäre. Außerdem bedanke ich mich bei Donald Robinson, ohne dessen ständiges Drängen ich dieses Buch nie fertig bekommen hätte.

Dank auch an die SPCA (Society for the Prevention of Cruelty to Animals) in San Francisco, besonders an Ed Sayres und Daniel Crane, die mich bei diesem Projekt sehr unterstützt haben, und an meine wunderbaren Schüler an der Academy for Dog Trainers, die mir eine ständige Quelle der Inspiration sind.

VORWORT

Uns Menschen sind verblüffend viele Möglichkeiten bekannt, wie wir uns selbst weh tun können. Allein im Laufe der letzen Woche habe ich zum Beispiel eine Blase von meinen neuen Sandalen bekommen; bin mit dem Wäschekorb die Treppe hinaufgestolpert und habe mir dabei das Handgelenk angeschlagen, so dass es jetzt noch schmerzt. Im Fitnesscenter habe ich mir den Finger zwischen zwei Gewichten eingeklemmt, ich wurde von einem nicht identifizierbaren Insekt gestochen und habe mir auf schmerzhafte Weise ein Büschel Haare ausgerissen, als sich der Wind und das elektrische Fenster meines Autos plötzlich gegen mich verschworen hatten. Ich habe mir während des Essens in die Innenseite meiner Wange gebissen und das gleich dreimal, weil das verletzte Gewebe angeschwollen war und schließlich attackierten mich die Dornen meines Rosenstrauchs. Das alles wird erst mit meinem Tod enden. Wahrscheinlich werde ich an Krebs oder einer Herzerkrankung sterben. Wenn ich gewaltsam ums Leben kommen sollte, dann vermutlich bei einem Autounfall oder aber ich stürze und es kommt anschließend zu Komplikationen. Wie auch immer es kommen mag, ich habe keinen Zweifel daran, dass mir Hunde während meiner letzten Tage beistehen und Trost spenden werden. Es ist aber auch möglich, dass ich irgendwann einmal von einem Hund gebissen werde. Dieser Vorfall käme dann auf meine Wochenliste der Verletzungen.

Das Buch, das Sie in Händen halten, beinhaltet eine hervorragende Untersuchung und eine ganz neue Annäherung an das Thema „Hundebisse“. Neben vielen überzeugenden Appellen an unseren Verstand hat Janis Bradley übertriebene Pauschalisierungen aufgedeckt, wie zum Beispiel die Gleichsetzung von Hundebissen, die lediglich kleinste Verletzungen nach sich ziehen, mit solchen, die in Verstümmelung oder sogar mit dem Tod enden. Sie traut sich, rational zu sein und ihre Rationalität wird – hoffentlich – die Diskussionen zu diesem Thema aus dem Sumpf der Hysterie herausheben.

Warum regt uns diese spezielle Form von Verletzungen eigentlich so auf? Um diese Frage zu beantworten, müssen wir die Welt des Irrationalen betreten. Das menschliche Gehirn ist ein Organ, das sich entwickelt hat, um einem einzigen Zweck zu dienen: Die Gene des jeweiligen Individuums sollen sich in den nächsten Generationen möglichst weit verbreiten. Unsere Evolution fand jedoch in einem Umfeld statt, das sich von jenem, in dem wir heute leben, erheblich unterscheidet. Deshalb sind wir genetisch so konzipiert, dass wir vor Tieren mit spitzen Zähnen mehr Angst haben als zum Beispiel davor, mit 100 km/ h in einer Metallkiste mit Rädern herumzurasen.

Unsere Gehirne sind auch keine verlässlichen Lügendetektoren. Jede erkannte Lüge ist nur ein glückliches Nebenprodukt des Selektionsprozesses zur erfolgreichen Reproduktion. Wir haben wissenschaftliche Methoden entwickelt, um die chronische und abgrundtiefe Unfähigkeit unseres Gehirns, die Realität zu erkennen, zu umgehen – und um unser Verlangen nach Wahrheit zu stillen. Unsere Intuition kommt zumeist ziemlich plattfüßig daher. Stephen Jay Gould stellte einmal den Gedanken in den Raum, dass „die Annahme, enge Zusammenhänge ließen auf die Ursache schließen, wahrscheinlich zu den zwei oder drei schwersten und am weitesten verbreiteten Irrtümern des menschlichen Denkens gehört".

Wenn man den Hintergrund jener kleinen Minderheit von Hunden betrachtet, die einen Menschen getötet haben, stellt man fest: Siehe da, viele von ihnen haben schon vorher ein für ihre Art normales und ritualisiertes aggressives Verhalten gezeigt; sie haben geknurrt, die Zähne gefletscht und in vorhersehbaren Situationen einem Menschen leichteste Verletzungen zugefügt. Dies wird dann zur Grundlage für die fälschliche Annahme eines kausalen Zusammenhanges und somit zu der heiklen Beweisführung: Ein Hund, der zum Beispiel knurrt, um sein Fressen zu verteidigen, wird eines Tages jemanden schwer verletzen oder gar töten. Es ist eine Tatsache, dass ein wesentlicher Prozentsatz aller Hunde ein ihrer Art entsprechendes, normales und ritualisiertes Aggressionsverhalten zeigt – und ebenso ist es eine Tatsache, dass die überwältigende Mehrheit dieser Hunde nie jemanden verletzen oder sogar töten wird.

Ein großer Prozentsatz der Menschen (wahrscheinlich sogar an die 100 %) wird irgendwann im Laufe des Lebens in einen Streit verwickelt. Das ist jedoch kein Hinweis darauf, dass es deshalb irgendwann einmal zu einer schweren Körperverletzung, eventuell sogar mit Todesfolge, kommen wird.

Wenn mit diesem Buch nur erreicht wird, den Lesern den Unterschied zwischen einer harmlosen Auseinandersetzung und einem echten Angriff von Hunden näher zu bringen – und ich denke, es kann noch einiges mehr – so ist das ein großer Verdienst.

Jean Donaldson
28. August 2005

EINLEITUNG

EIN ÜBERBLICK

Hunde sind gefährlich. Für Kinder sind sie gefährlicher als für Erwachsene. Sie sind natürlich nicht so gefährlich wie Verandastufen, Küchenutensilien, 20 Liter-Wassereimer, Badewannen, Kinderwägen, Öfen, Tischkanten, Weihnachtsbäume, Luftballone oder Pantoffeln. Sie sind nicht einmal annähernd so gefährlich wie Geräte auf einem Kinderspielplatz, Skateboards, Fahrräder, Baseball-Bälle, Fußballfelder, geparkte Autos oder Swimmingpools. Und sicher können es Hunde auch nicht mit den Gefahren aufnehmen, die von Vätern, Müttern, Schwestern, Brüdern, Tanten, Onkeln und Freunden oder von Gewehren und Autos ausgehen.

Trotzdem: Hunde haben große, spitze Zähne, mit denen sie schneller zuschnappen können als das menschliche Auge wahrzunehmen vermag, und hinter denen eine große Kraft steckt, die eingesetzt werden kann, um zu verletzen und zu zerfetzen. Und manchmal wird diese Kraft gegen einen Menschen eingesetzt.

Deshalb verabschieden Länder und Gemeinden Gesetze gegen gefährliche Hunde, Zivilkläger gewinnen enorme Summen bei Prozessen nach Hundebissen, Versicherungsgesellschaften verweigern Hundebesitzern die Haftpflichtversicherung und viele Vermieter vermieten gar nicht erst an Menschen mit Hunden. Zudem werden viele Hunde einfach getötet. Es ist an der Zeit, darüber nachzudenken, ob das alles noch Sinn macht.

Die Realität sieht so aus: Hunde töten beinahe nie Menschen. Es ist wahrscheinlicher, dass ein Kind durch einen Luftballon erstickt oder einen tödlichen Sturz von einer Schaukel erleidet, als dass es von einem Hund tödlich verletzt wird. Die auf eine Hundebiss-Epidemie hindeutenden Zahlen, die immer wieder in den Medien auftauchen, kommen durch fragwürdige Forschungsmethoden zustande und sind nicht zuletzt deshalb so hoch, weil Bisse mitgezählt werden, bei denen nicht wirklich jemand verletzt wird. Denn selbst wenn Hunde einmal nach einem Menschen schnappen, können die meisten daraus resultierenden Verletzungen mit einem einfachen Pflaster versorgt werden.

Wozu also die ganze Aufregung? Einerseits, weil wir im Laufe unserer Evolution so geprägt wurden, dass wir mehr Angst vor Raubtieren (denken Sie an einen Säbelzahntiger) als vor Maschinen (denken Sie an ein Auto) haben und andererseits, weil uns Berichte über Dinge mit scharfen Zähnen mehr in Bann ziehen als Berichte über Dinge mit großen Rädern und ein paar Tonnen dahin rasenden Metalls.

Hunde sind Hunde, weil sie uns Menschen lieber als Gefährten sehen denn als Mittagessen. Ihre unmittelbaren Vorfahren, die Wölfe, mochten Menschen hingegen gar nicht und Säbelzahntiger haben sie wohl wirklich als Mittagessen betrachtet. Manche Menschen versuchen, der Freundlichkeit der Hunde uns gegenüber entgegenzuwirken, indem sie feindseligere Hunde züchten. Dabei müssen sie jedoch gegen Tausende von Jahren der evolutionären Entwicklung ankämpfen.

Hunde werden ziemlich häufig durch unser Verhalten so stark verunsichert, dass sie uns anknurren, die Zähne fletschen oder nach uns schnappen. Das geschieht jedoch deutlich weniger häufig als wir uns zu dem menschlichen Äquivalent von abfälligen Bemerkungen, Streitereien oder dem gegenseitigen Anbrüllen hinreißen lassen. Es gibt einige Situationen, in denen nicht nur Hunde, sondern auch wir Menschen aggressiv reagieren, zum Beispiel, wenn wir das Gefühl haben, unser Eigentum, uns selbst oder unseren Nachwuchs verteidigen zu müssen. Bei der Lösung von Konflikten kippen Hunde deutlich weniger bereitwillig in tatsächliche Gewalt als wir Menschen.

Bei dem Versuch, herauszufinden, welche Hunde am ehesten beißen, wurde viel Energie darauf verschwendet, die Häufigkeit von Beißvorfällen nach Rassen zu ermitteln. Aber Rassemerkmale richten sich nach der Mode und verändern sich sehr schnell; darüber hinaus sind Rasseeinteilungen viel zu unzuverlässig, um brauchbare Informationen zu liefern. Selbst die wenigen gut aufgebauten Studien, die sich mit Knurren, Zähnefletschen, Schnappen und Beißen beschäftigen, konnten bis dato keinen Zusammenhang zwischen bestimmten Rassen und diesen Verhaltensweisen feststellen, der über den gesunden Menschenverstand hinausgeht.

Die Gesetzgeber reagieren auf diese mangelhaften Forschungsergebnisse und auf die Medienberichterstattung, indem sie hektisch Gesetze verabschieden, die keine Hoffnung aufkommen lassen, durch sie die Anzahl von Hundebissen zu verringern. Zu den schlimmsten Gesetzen gehören die Rasselisten und Haltungsverbote für bestimmte Rassen, die viele Hunde das Leben kosten, was Kriminelle allerdings nicht davon abhält, Hundekämpfe zu veranstalten und neophobische Hunde zu züchten. Und auch die Versicherungsgesellschaften beteiligen sich an dem Spiel, indem sie Hundebesitzern bei Haltung von Hunden bestimmter Rassen den Abschluss einer Haftpflichtversicherung verweigern.

Währenddessen profitieren Millionen von Menschen von der Gesellschaft ihrer Hunde, profitieren ganz im Verborgenen durch die Anwesenheit von Millionen von Hunden eine Vielzahl von Menschen, wogegen selbst die übertriebensten Schätzungen der Anzahl von Hundebiss-Opfern in keinem Verhältnis steht. Kinder, die während ihres ersten Lebensjahres mit einem Hund zusammenleben, leiden seltener an Allergien. Hundehalter haben ein geringeres Risiko, sich eine Herz-Kreislauf-Erkrankung zuzuziehen und bessere Chancen, einen Herzinfarkt zu überleben. Einen Hund zu streicheln kann Stress mindern. Die Haltung eines Hundes vereinfacht das Knüpfen sozialer Kontakte und Menschen mit Hunden fühlen sich einfach rundum wohler.

Wollen wir uns diese positiven Effekte bewahren, wird es zwangsläufig immer mal wieder zu Hundebissen kommen. Es gibt jedoch einige Erfolg versprechende Möglichkeiten, das Vorkommen von Verletzungen zu verringern. Wir können Kinder lehren, sich so zu verhalten, dass sie keine Situationen schaf-

fen, die bei einem Hund aggressives Verhalten auslösen können. Und wenn wir schon dabei sind, können wir auch die Erwachsenen lehren, sich Hunden gegenüber einfühlsamer zu verhalten. Es wäre denkbar, nur solche Hunde zur Zucht zuzulassen, die entspannt reagieren, wenn sich Menschen an ihren Sachen zu schaffen machen und die Fremden gegenüber freundlich sind. Wir könnten Welpen so umfangreich sozialisieren, dass sie mit allen potenziell Furcht einflößenden Situationen vertraut sind, und wir könnten ihnen beibringen, ihre Zähne nur sanft einzusetzen, wenn sie aufgebracht genug sind, um zuzubeißen.

Um all das zu erreichen, müssen wir uns jedoch von der gefährlichen Vorstellung verabschieden, Hunde seien persönliche Bodyguards, die den Unterschied zwischen den guten und den bösen Jungs erkennen können. Stattdessen sollten wir Hunde als Tröster und Gefährten sehen, die unser Leben bereichern. Diese veränderte Sichtweise ist eine Frage der Schulung und nicht der Gesetzgebung.

Eine solche allgemeine Schulung sollte mit einem klaren Blick auf die Fakten beginnen: Hunde töten fast nie Menschen, sie beißen sehr viel seltener als wir annehmen und wenn sie beißen, dann wird dabei selten jemand verletzt.

KAPITEL I
HUNDEBISSE – GROSSE GEFAHR ODER KULTURELL BEDINGTE PHOBIE?

In meiner Lieblingsszene des Films *Mondsüchtig* kommt der untreue Ehemann eines Abends spät nach Hause und Rose begrüßt ihn mit den Worten: „Weißt du was, Cosmo? Ganz gleich, was du tust: Du wirst sterben wie jeder andere auch." Sie hatte eifrig jeden Mann, den sie getroffen hatte, befragt, warum Männer ständig hinter Frauen her sind, in der Hoffnung, Gewissheit zu erlangen und ihre Theorie zu bestätigen, dass der Grund dafür die Angst der Männer vor dem Tod ist. Cosmo geht die Stiegen hinauf und antwortet, ohne stehen zu bleiben: „Danke, Rose. Ich gehe schlafen."

Könnten wir dieser Tatsache doch alle so nüchtern ins Auge sehen, denn natürlich hat Rose recht. Jeder von uns wird sterben. Doch es wird kein Hund sein, der Sie umbringen wird. Ich meine das wörtlich. Sogar wenn dieses Buch an die Spitze der Bestsellerlisten schießt, besteht keine reelle Chance, dass diese Worte jemals von jemandem gelesen werden, der tatsächlich von einem Hund getötet werden wird.

Tödliche Hundeangriffe sind unglaublich selten

Die Chance, dass Sie von einem Hund getötet werden, liegt bei etwa 1 : 18 Mio. Das heißt, es ist doppelt so wahrscheinlich, dass Sie mit nur einem Lottoschein den Superjackpot knacken, als von einem Hund getötet zu werden. Das bedeutet, es ist fünfmal wahrscheinlicher, dass Sie von einem Blitz getroffen werden – und nicht bloß getroffen, sondern tatsächlich getötet. Es ist interessant, dass wir, wenn ein Mensch von einem Blitz getroffen wird, dies oft als einen Akt Gottes sehen, gerade weil dieses Vorkommnis so außergewöhnlich ist. Tödliche Hundeangriffe sind noch außergewöhnlicher – fünfmal außergewöhnlicher.

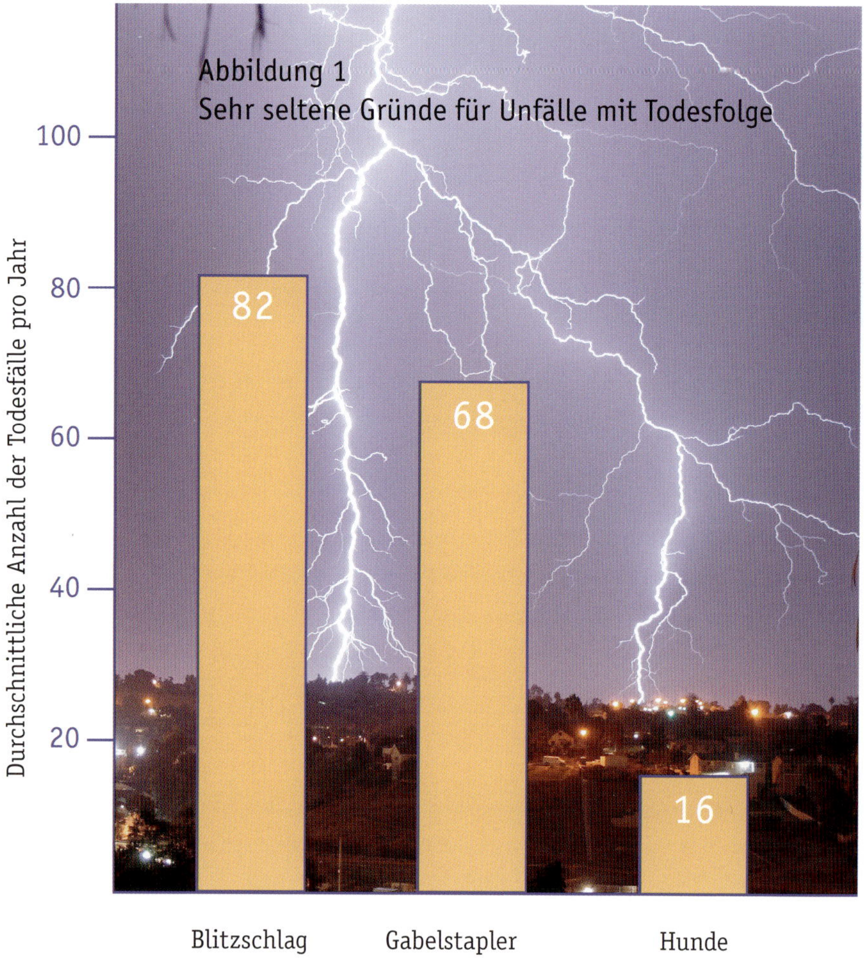

Hundebisse gehören zu den seltensten Unfällen mit Todesfolge. Auf jedes Hundebissopfer kommen fünf Menschen, die von einem Blitz getötet werden. Und auf jeden tödlichen Hundebiss kommen vier Menschen, die bei einem Unfall mit einem Gabelstapler getötet werden, obwohl nur sehr wenige Menschen überhaupt mit solchen Maschinen zu tun haben. Die aufgeführten Zahlen stellen einen jährlichen Durchschnittswert dar, der sich aus jenen Einzelfällen der letzten 10 bis 15 Jahre ergibt, die vom amerikanischen Center of Disease Control and Prevention erhoben wurden.

In der Beziehung zwischen Hund und Mensch gibt es viele Variablen. Und einige dieser Variablen müssen zu einem bestimmten Zeitpunkt alle in die komplett falsche Richtung laufen, um letztlich eine tödliche Beißattacke auszulösen, in etwa so, wie bei einem perfekten Sturm. Solche Ereignisse sind im wahrsten Sinne des Wortes außergewöhnlich: Sie bewegen sich sehr weit außerhalb des Gewöhnlichen. Das ist der Grund, warum sie so selten vorkommen und warum es nicht sehr sinnvoll ist, nach einem allgemeinen Trend zu suchen.

Ein Punkt, der immer und immer wieder aufgegriffen wird und deshalb wohl auch hier zur Sprache kommen sollte, ist der, dass mehr Kinder und ältere Menschen an Hundebissverletzungen sterben als Teenager oder junge Erwachsene. Es stimmt, dass körperlich leistungsfähige Erwachsene im Grunde genommen nie (ca. zwei in zehn Jahren) von einem einzelnen Hund getötet werden. An den wenigen Vorfällen, die Menschen zwischen 11 und 64 Jahren betreffen, sind meist mehrere Hunde beteiligt. Ja, es stimmt: Hunde töten öfter Kinder als Erwachsene. Trotzdem sind tödliche Beißvorfälle bei Kindern viel seltener als andere seltene Todesursachen, zum Beispiel durch große, mit Flüssigkeit gefüllte Eimer, Luftballone oder Schaukeln.

Die Abbildung 2 zeigt die verschiedenen Gefahren in Relation zueinander. Eine andere, weit häufigere Todesursache bei Kindern, nämlich die Misshandlung durch eine Aufsichtsperson, wird als Vergleich herangezogen. Die Statistik ist jedoch irreführend, denn wenn man die Anzahl der durch Misshandlung getöteten Kinder exakt darstellen wollte, würde der Raum auf dieser Seite für den Messbalken nicht ausreichen. Tatsächlich würde man 11 Seiten benötigen, um seine wahre Länge darzustellen.

Eine Tatsache, die niemand zu Sprache bringt, wenn wieder einmal in ernstem Tonfall Maßnahmen gefordert werden, ist, dass Babys, Kinder und ältere Menschen generell unfallgefährdeter sind als Teenager oder junge Erwachsene: Sie sind schwächer und zerbrechlicher, sie reagieren oft langsamer und weniger effektiv und sie sind kleiner.

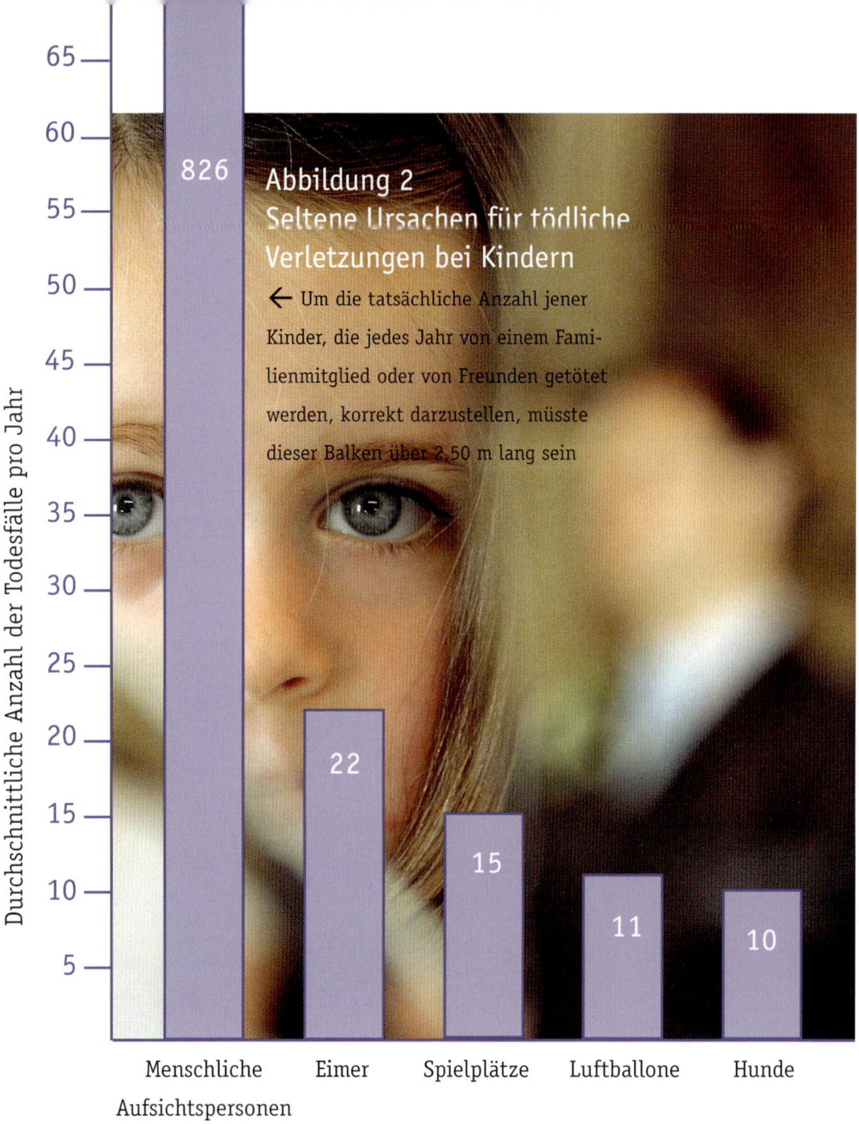

Abbildung 2
Seltene Ursachen für tödliche Verletzungen bei Kindern

← Um die tatsächliche Anzahl jener Kinder, die jedes Jahr von einem Familienmitglied oder von Freunden getötet werden, korrekt darzustellen, müsste dieser Balken über 2,50 m lang sein

Kinderspielzeuge wie Luftballone oder Murmeln, Spielplatzgeräte und mit Flüssigkeit gefüllte Eimer verursachen pro Jahr mehr Todesfälle bei Kindern unter 10 Jahren als Hundebisse. Misshandlungen mit Todesfolge durch eine Aufsichtsperson (meist ein Familienmitglied) wurden als Vergleich herangezogen, um zu zeigen, wie viel größer die Gefahr ist, dass ein Kind aufgrund solcher Vorkommnisse ums Leben kommt. Die aufgeführten Zahlen stellen einen jährlichen Durchschnittswert dar, der sich aus jenen Einzelfällen der letzten 10 bis 15 Jahre ergibt, die vom amerikanischen Center of Disease Control and Prevention erhoben wurden.

Kinder fallen zum Beispiel öfter als Erwachsene tödlichen Fahrradunfällen zum Opfer und Kinder unter 14 Jahren haben die höchste unfallbedingte Sterblichkeitsrate unter allen Altersgruppen (ausgenommen sind Autounfälle).

Ältere Menschen haben ebenso Schwächen, denn alte Knochen brechen zum Beispiel leichter als junge. Wenn man dann noch die mit dem Alter zunehmenden Bewegungs- und Gleichgewichtsprobleme hinzunimmt, ist es nicht mehr schwer zu verstehen, weshalb dieser Teil der Bevölkerung häufiger in Stürze verwickelt ist und diese oftmals auch schwere Verletzungen zur Folge haben.

Es ist unmöglich, eine repräsentative Tabelle zu erstellen, in der diese anderen, viel schwerwiegenderen Gefahren mit den Gefahren von tödlichen Beißvorfällen verglichen werden können, denn der Balken, der in Statistik 3 die Anzahl der tödlichen Hundeattacken wiedergeben soll, kann im Vergleich mit den anderen nicht so groß dargestellt werden, dass man ihn auch erkennen könnte.

Als Lehrerin, die professionelle Hundetrainer ausbildet und die für eine Institution arbeitet, die es sich zur Aufgabe gemacht hat, das Band zwischen Mensch und Tier zu festigen, habe ich mein ganzes Berufsleben der Aufgabe gewidmet, eine sichere, glückliche und harmonische Beziehung zwischen Hunden und Menschen zu fördern, wobei mein wichtigstes Anliegen immer die Sicherheit war. Doch wenn Menschen mich fragen, was man tun kann, um tödliche Beißvorfälle zu vermeiden, bin ich immer wieder versucht zu sagen: „Nichts!"

Der Grund dafür liegt vor allem darin, dass ich diese Frage als bizarr empfinde. Wir akzeptieren die Tatsache, dass, solange wir Autos nutzen, Menschen bei Autounfällen sterben werden, dass, solange wir Medikamente haben, es auch Menschen geben wird, die an den Nebenwirkungen der Medikamente sterben werden, dass, solange wir Bade- und Duschwannen haben, manche Leute darin ausrutschen und sich den Schädel brechen werden.

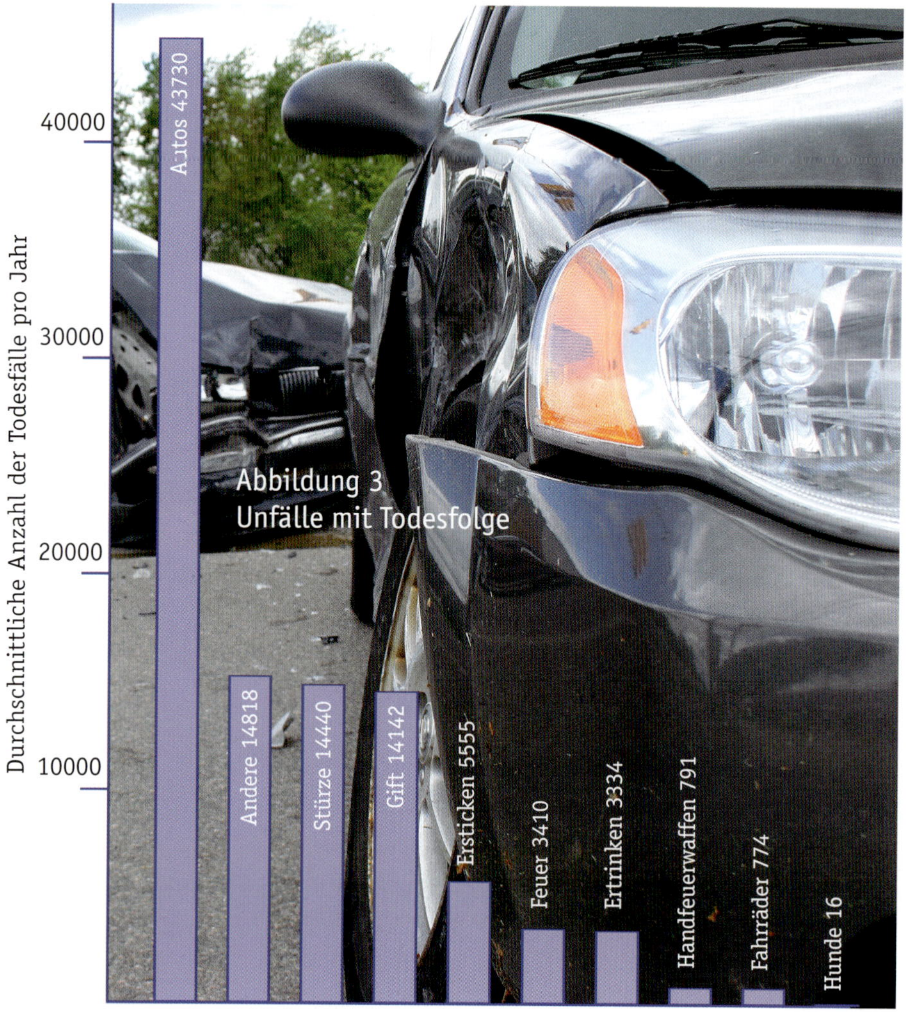

Abbildung 3 zeigt eine Aufstellung verschiedener Unfälle mit Todesfolge in allen Altersgruppen. Die jährliche Anzahl der tödlichen Hundebisse wurde einer eigenen 10-Jahres-Studie entnommen, da sie zu gering ist, um in der Studie des amerikanischen Centers of Disease Control and Prevention Niederschlag zu finden. Demnach kann der Balken, der in dieser Abbildung jene kleine Zahl an tödlichen Hundebissen repräsentieren soll, auch nicht in seiner korrekten Größe dargestellt werden.
Quelle: Center of Disease Control and Prevention. Web-based Injury Statistic Query and Reporting System (WISGARS)

Wir treffen Vorkehrungen, um diese Vorfälle zu minimieren, doch niemand erwartet ernsthaft, dass man sie ganz aus der Welt schaffen kann. Und ganz sicher verzichtet niemand auf das Autofahren oder auf Medikamente, wenn er krank wird, oder auch auf das Baden nur in Anbetracht der möglichen Gefahren. Und falls es doch jemand tun sollte, diagnostizieren wir eine klinische Phobie und versuchen, diesem Menschen medizinisch und psychologisch zu helfen.

Das Risiko, durch einen Hundbiss zu sterben, ist so nahe bei Null wie es nur sein kann. Es ist so klein, dass es in den Vereinigten Staaten von Amerika sogar drei Bundesstaaten gibt, in denen in den letzten 40 Jahren keine einzige tödliche Hundeattacke registriert wurde. Was jedoch nicht heißt, dass man, wenn man dem Risiko durch einen Hundebiss zu sterben aus dem Weg gehen möchte, nach Iowa, North Dakota oder Rhode Island ziehen sollte. Es heißt nur, dass diese Attacken so selten sind, dass sie nur als zufällig bezeichnet werden können.

Mehr Menschen, mehr Hunde – aber dieselbe Anzahl tödlicher Hundebisse

Die Anzahl tödlicher Hundebisse ist in den letzten Jahrzehnten konstant geblieben, obwohl sich praktisch jeder Aspekt in der Beziehung zwischen Hund und Mensch verändert hat. Die menschliche Bevölkerung ist stark gewachsen, was ohne Zweifel auch zu einem Anstieg von Kontakten zwischen Hunden und Menschen geführt hat. Die Beliebtheit verschiedener Rassen änderte sich ständig, was sicher auch ein Anwachsen der Population so genannter gefährlicher Rassen zur Folge hatte.

Die Art, wie wir unser Leben mit Hunden teilen, hat sich stark verändert. Der Trend ging weg von der Einzelhaltung in Hinterhöfen und hin zu einer größeren Eingliederung in den Haushalt und zu stärkerem Kontakt mit der Öffentlichkeit, was wiederum zu einem exponentiellen Anstieg der Begegnungen von

In amerikanischen und europäischen Haushalten leben die meisten Hunde als Familienmitglieder.

Hunden untereinander führte. Mit anderen Worten: Im Laufe der Jahre haben sich praktisch alle Kriterien, die die Anzahl tödlicher Beißvorfälle beeinflussen könnten, drastisch verändert – und trotzdem sind nicht mehr Beißvorfälle als früher zu verzeichnen.

Lassie oder Cujo? Das weiß niemand.

Die Umstände, unter denen es zu tödlichen Beißvorfällen kommt, spiegeln oft einfach die Lebensumstände des Hundes wieder. Ein Großteil (75 %) der tödlichen Hundeattacken passiert zum Beispiel im jeweiligen Haushalt, in dem der Hund lebt, doch die meisten Hunde verbringen eben mehr Zeit zu Hause als außer Haus. Attacken werden häufiger gegen Menschen gerichtet, die dem Hund bereits bekannt sind, doch Hunde treffen auch meist mehr bekannte als unbekannte Menschen. Und so weiter.

Wir sind noch weit davon entfernt, die verschiedenen Faktoren (oder besser: die komplizierte Kombination von Faktoren) zu entschlüsseln, die sehr, sehr selten zusammentreffen und zu einem dieser unberechenbaren Vorfälle führen. Es ist schwer, die Mittel aufzutreiben, um es überhaupt zu versuchen, vor allem, wenn die Mittel viel sinnvoller dafür verwendet werden könnten, die Auswirkungen von infektiösen pandemischen Krankheiten, Waffen oder Autos zu untersuchen, die alle weit mehr menschliche Todesopfer und Verletzte zur Folge haben.

Wir denken natürlich, dass wir viel über Hunde wissen. Das tun wir nicht. Was wir sicher nicht wissen, ist, welche Hunde unter welchen Umständen einen Menschen verletzen werden. In Anbetracht der tatsächlichen Anzahl von Hunden, die mit uns leben, ist der Mangel an beobachtenden Studien überraschend, und das allein schon vom Standpunkt der wissenschaftlichen Neugierde aus betrachtet. Tatsächlich gibt es im Moment keine ausreichenden Daten, die es uns ermöglichen, mit Sicherheit (oder zumindest mit großer Wahrscheinlichkeit) zu sagen, ob ein bestimmter Hund, der noch nie in einen Angriff verwickelt war, in Zukunft mit größerer Wahrscheinlichkeit in einen Angriff verwickelt werden wird als ein anderer; denn man kann hier weder von der Genetik, noch von vergangenem Verhalten, noch von den Lebensumständen des Hundes ausgehen.

Es liegen natürlich Daten vor, diese müssen jedoch zum Großteil und aus verschiedenen Gründen als unseriös eingestuft werden. Es gibt viele Hypothesen – Sie müssen nur mit zwei oder mehr Hundeexperten sprechen und Sie werden eine Schwindel erregende Vielzahl sich oftmals widersprechender Hypothesen zu hören bekommen. Manche von ihnen werden mit ihren Theorien vielleicht sogar Recht behalten, doch man weiß zur Zeit nicht, wer das sein wird.

Der Schmetterlingseffekt auf Hundeart

Wir wissen einiges über die Warnsignale, die ein Hund zeigen kann – Knurren, Zähnefletschen, Abschnappen und – nicht ganz so offensichtlich – das Erstarren sowie der starre Blick.

Der Hund versucht uns auf diese Weise zu sagen: „Bitte lass mich Dich nicht beißen müssen!". Wenn diese Anzeichen nicht beachtet werden, kommt es bei einem kleinen Prozentsatz der Fälle letztlich zu einem Biss, aber nur sehr wenige dieser Bisse sind kräftig genug, um zu einer Verletzung zu führen.

Wir wissen manches über die Interaktionen mit Menschen, die diese Warnsignale auslösen können. Dieses Wissen (abhängig von einer besseren Erforschung des Verhaltens von Hunden, die bereits zugebissen haben) liefert uns einen Ausgangspunkt, um das an Menschen gerichtete Knurren, Zähnefletschen und Abschnappen zu reduzieren.

Doch sogar wenn wir unser Wissen erweitern und die Mehrheit der Menschen dazu bewegen könnten, gewisse Richtlinien zu befolgen (eine schwierige Aufgabe, da ja nicht jeder, der mit Hunden zu tun hat, automatisch ihr aggressives Verhalten minimieren will), kann es sein, dass das alles nicht den geringsten Einfluss auf die tatsächliche Anzahl tödlicher Beißvorfälle haben wird, und zwar einfach deshalb, weil diese so unglaublich selten vorkommen.

Aber „Ah", sagen manche Menschen, „schon ein verlorenes Leben ist eines zuviel." Wir müssen tun, was in unserer Macht steht, um das zu verhindern. Keiner leugnet, dass diese Vorfälle sehr tragisch sind. Doch was steht in unserer Macht, um sie zu verhindern? Bis auf das Töten aller Hunde, nur um den einen unter fünf Millionen auszumerzen, der tatsächlich in die eine tödliche Attacke verwickelt werden würde, gibt es keine Möglichkeit, diese Vorfälle zu verhindern. Und wir werden auch nie eine Möglichkeit finden, da die Anzahl der Hunde, die tatsächlich Menschen töten, zu gering ist, um Verallgemeinerungen zu ermöglichen.

Die grundlegende Systemtheorie lehrt uns, dass es gefährlich ist, das ganze System zu ändern, nur um eine Ausnahmeerscheinung auszulöschen – und tödliche Hundebisse sind der Prototyp einer Ausnahmeerscheinung. Es ist so gefährlich, weil nicht vorausgesagt werden kann, welche anomalen oder auch normalen Ereignisse eintreffen werden, wenn man versucht, ein extrem seltenes Phänomen zu eliminieren, in dem man die allgemeine Ordnung umdreht. Alle Hunde zu töten, um tödliche Beißvorfälle zu vermeiden, ist ein naheliegendes Beispiel. Man kann sich leicht vorstellen, dass diese Maßnahme zu weitaus mehr Todesfällen führen würde. Man braucht nur an die Menschen zu denken, denen Partner- und Therapiehunde zur Seite stehen, an diejenigen, die von Such- oder Rettungshunden gefunden werden, und nicht zuletzt an die, deren Leben einfach dadurch verlängert wird, weil das Zusammenleben mit einem Hund ihre Gesundheit und ihr allgemeines Wohlbefinden fördert.

Da es genauso unmöglich ist, alle Hunde zu töten, um 15 tödliche Hundebisse zu verhindern, wie es unmöglich ist, alle Fahrräder zu verbieten um 750 Todesfälle zu verhindern, oder alle Autos, um 43.000 Todesfälle zu verhindern, wenden wir uns einem realistischen Lösungsvorschlag zu.

Manche der tödlichen Beißvorfälle scheinen mit dem Jagdverhalten in Zusammenhang zu stehen (vgl. Peter Borchelts Aufsatz über zwei schreckliche Begebenheiten, bei denen Rudel von freilaufenden Hunden einem Jogger bzw. einem Radfahrer nachgejagt waren). Solche Vorfälle könnten verhindert werden, indem hart gegen Menschen vorgegangen wird, die ihre

Es ist unsinnig und unmöglich, alle Fahrräder abzuschaffen, um durch sie verursachte Unfälle zu vermeiden.

Hunde streunen lassen. Ein solches Durchgreifen würde womöglich die Anzahl von Hundebissen allgemein reduzieren.

Dafür müssten jedoch Ordnungshüter von ihren eigentlichen Aufgaben wie dem Verhindern und Reagieren auf andere Gefahren, die die öffentliche Sicherheit gefährden, abgezogen werden. Wie viele lebensrettende Einsätze würden sie nicht wahrnehmen können? Außerdem beißen manche Hunde gerade dann, wenn sie angeleint sind und so keine Möglichkeit haben, sich zurückzuziehen. Selbst wenn zwei oder drei Hunde bei der Verfolgung von Streunern gefangen werden, die zufällig eine der Kombinationen von Faktoren aufweisen, die zu einem tödlichen Angriff auf ihnen bekannte Menschen führen könnte, bliebe die Rate der tödlichen Vorfälle insgesamt gleich. Trotzdem erschallt jedes Mal, wenn wieder ein tödlicher (oder fast tödlicher) Beißvorfall die Schlagzeilen füllt, der Ruf nach einem rechtlichen Vorgehen gegen diese schreckliche Bedrohung.

Als ob irgend jemand wüsste, wie.

Es ist wichtig, Fakten zu sammeln und sich des Problems anzunehmen, bevor man radikale Maßnahmen ergreift, um die Anzahl der Beißvorfälle zu verringern. Es kann leicht passieren, dass wir die Situation nur verschlimmern, denn im Moment stellt sich die Situation so dar, dass Hunde fast nie einen Menschen töten; tatsächlich beißen Hunde überhaupt relativ selten zu. Und wenn sie es doch tun, wird dabei selten jemand verletzt. Wenn doch jemand verletzt wird, sind die Verletzungen selten schwerwiegend.

KAPITEL II
HUNDEBISSE: VIELE VORFÄLLE – ODER DOCH NICHT?!

Mein jüngster Bruder Craig war gerade sieben Jahre alt, als er sich, fürchterlich weinend, in den Armen meiner Mutter verkroch, weil er sicher war, er würde jeden Moment von uns fortgerissen werden und in den Himmel auffahren, denn er war mit dem Fahrrad in den Kotflügel eines langsam dahinrollenden Autos gekracht. Er hatte sich nicht verletzt, war aber so deutlich vor den Gefahren, die von Autos für Radfahrer ausgehen, gewarnt worden, dass er davon überzeugt war, dass jeder Zusammenstoß mit einem Auto für ihn tödlich enden musste. Als er sich endlich beruhigt hatte und feststellte, dass er nicht tot war, war er jedoch wieder in der Lage, mit seinem Rad durch die Straßen der Nachbarschaft zu fahren – mit einer gesunden Portion Vorsicht statt Angst.

Die Menschen, die die Epidemiologie von tödlichen Beißvorfällen untersuchen, könnten sich an Craigs Erfahrung ein Beispiel nehmen. Sie erkennen zwar pflichtbewusst die Seltenheit solcher Vorfälle an, verlagern ihre Aufmerksamkeit dann aber schnell auf die nicht-tödlichen Hundebisse. Phrasen wie „wachsende Bedrohung für die öffentliche Gesundheit“ und Worte wie „epidemisch“ lassen da nicht lange auf sich warten.

Jeder weiß: Alles wird schlechter oder Wie man aus sechs Fällen eine halbe Million macht

Diese Unheil prophezeienden Behauptungen stützen sich vor allem auf zwei hohe Werte, die aus zwei Untersuchungen des National Centers of Injury Prevention and Control der Jahre 1986 und 1994 stammen. Die Auswertung der zweiten Studie wird überall zitiert. Sie zeigt eine angebliche Steigerung von 36 % bei medizinisch behandelten Hundebisswunden im Zeitraum zwischen 1986 und 1994. Beide Zahlen sind jedoch fehlerhaft. Sie miteinander zu vergleichen, ist schlicht absurd.

In der Studie von 1986 werden 6 Fälle von Bissverletzungen durch Hunde angeführt. Die Mitglieder von 23.838 Haushalten wurden nach Verletzungen befragt, die ihr Leben „einschränkten" bzw. medizinisch behandelt werden mussten und die in den zwei Wochen vor der Befragung auftraten. (Die Studienleiter fragten auch nach Verletzungen innerhalb der letzten 12 Monate, erkannten dann aber, dass die Daten sogar für den Zeitraum von zwei Wochen unzuverlässig waren und nahmen die Daten für das gesamte Jahr wieder aus ihren Berechnungen heraus.) Die Studie umfasste eine Gesamtzahl von 62.052 Menschen. Neben Stürzen, Autounfällen, Fahrradunfällen und Spinnenbissen gaben die Interviewten auch sechs Bisswunden durch Hunde zu Protokoll. Diese sechs Vorfälle wurden auf einen nationalen Durchschnitt von 585.000 Hundebissen im Jahr hochgerechnet. Die tatsächliche Anzahl wurde jedoch nie ermittelt.

Wenn man etwas auf Hunderttausende hochrechnet, das von einem Wert ausgeht, für den man nicht einmal alle Finger und schon gar nicht die Zehen braucht, ergibt sich daraus, sagen wir, ein ziemlich schiefes Bild. Sie brauchen sich nicht noch einmal die Einleitung Ihres Statistik-Lehrbuches durchzulesen, um das zu erkennen. Die Studienleiter selbst wiesen darauf hin, in dem sie erklärten, dass alle Unfallstatistiken, ausgenommen die der drei häufigsten (Stürze, Autounfälle und Medikamentenmissbrauch), große Fehler in der Berechnung aufwiesen.

Mit anderen Worten: Es ist kein ähnliches Resultat zu erwarten, wenn man eine andere Gruppe von 23.838 Menschen befragt, selbst wenn sie auf die gleiche Art und Weise ausgewählt wurde und am nächsten Tag dieselben Fragen gestellt bekommt (mehr dazu in Kapitel VI). Die Ergebnisse einer solchen Studie mit denen einer gänzlich anders durchgeführten Studie zu vergleichen, ist, statistisch gesehen, haarsträubend.

Genau dies wurde aber in der Studie von 1994 getan; in jener Studie, die überall zitiert wird, wenn es zu beweisen gilt, dass eine „erschreckende Zunahme" von Beißvorfällen zu verzeichnen ist. Dieses Mal wurde nur eine kleine Anzahl von Menschen befragt (5.328 im Vergleich zu 23.838). Es wurde nach Hundebissen im Verlauf des vorausgegangenen Jahres gefragt (eine Vorgehensweise, die sich schon bei der vorherigen Studie als unzuverlässig erwiesen hatte). Von insgesamt 8.869 Personen wurden aus jedem Haushalt jeweils nur ein Erwachsener und ein Kind zur Befragung herangezogen. Das Wort „Verletzung“ wurde unterschiedlich definiert. Außerdem wurde hier ausschließlich nach Bissverletzungen durch Hunde gefragt, ohne diese in eine größere Studie, die alle Möglichkeiten sich zu verletzen umfasst, einzubetten.

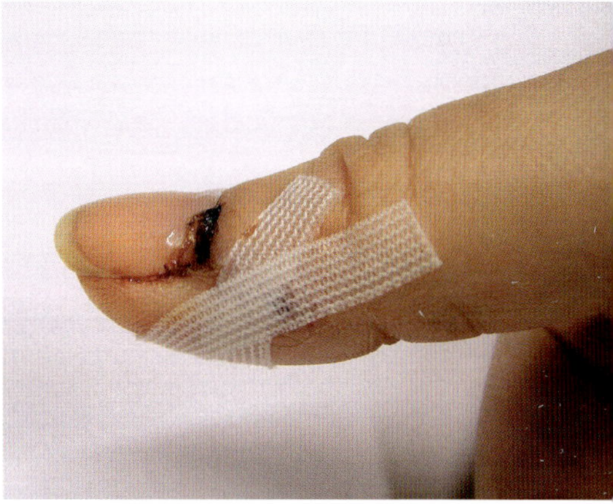

Hundebisse sind – im Vergleich zu Verletzungen durch Stürze, Fahrradunfälle und Autos – sehr selten.

Die Interviewten gaben 38 Hundebisse zu Protokoll. Dazu brauchte es zumindest schon mal die Finger und Zehen zweier Forscher... Die Studienleiter rechneten diesen Wert hoch auf durchschnittlich 756.701 Hundebisse und veröffentlichten dieses Ergebnis in dem anspruchsvoll betitelten Artikel „Hundebisse – ein großes Problem?“. Na ja, zumindest haben sie ein Fragezeichen hinter ihre Überschrift gesetzt.

Die Forscher behaupteten ungeniert, dass es sich um einen „36-prozentigen“ Anstieg an medizinisch versorgten Hundebissen innerhalb der zwölf Jahre zwischen den beiden Studien handelt. Interessanterweise taucht diese Behauptung lediglich in dem Bericht selbst auf, wird jedoch in einer weiteren Studie desselben leitenden Autors zum Thema tödlicher Beißattacken deutlich herausgestellt. An der Stelle der Studie zum Thema Todesfälle, an der sich die Autoren selbst zu zitieren begannen, stieg die Zahl der Verletzungen durch Hundebisse auf die praktischerweise aufgerundete Zahl von 800.000 an. Hierin sind Schätzungen zu Bissverletzungen bei 15- bis 17-jährigen enthalten, eine Altersgruppe, die in der Untersuchung nicht einmal Bestandteil ist.

Man kann sich vorstellen, dass Krankenversicherungen und auf Versicherungsrecht spezialisierte Anwälte große Freude an diesem falschen Vergleich hatten. (Mehr dazu in Kapitel IX.) Doch sie waren nicht allein. Die Studie wird allerorten zitiert, sei es von Gesellschaften zur Verhinderung von Grausamkeiten an Mensch und Tier bis hin zu Organisationen zum Schutz von Kindern. Die Ergebnisse dieser beiden fehlerhaften Studien werden von anderen, respektablen Quellen aufgegriffen und so häufig wiedergegeben, dass diese Statistiken allein durch die Wiederholung Glaubwürdigkeit erringen; und schon befinden wir uns auf dem Weg zur „Bedrohung für die öffentliche Gesundheit".

Besteht Gefahr für die öffentliche Gesundheit, wenn niemand verletzt wurde?

Es kommt noch schlimmer. Hundebisse, bei denen Menschen verletzt wurden, waren nicht das Hauptthema der Studie „Hundebisse – ein großes Problem?". Die Leiter der Studie wollten alle Hundebisse in die Statistik aufnehmen, nicht bloß diejenigen, die zu Verletzungen führten. Die 5.328 Interviewten berichteten von 186 Hundebissen bei den 8.869 Personen, die die Studie umfasste. Die Forscher schlossen daraus, dass landesweit in diesem Jahr 4.494.083 Menschen gebissen worden waren. Das ist in etwa die selbe Größenordnung, die uns in der Studie des Jahres 1986 die Wandlung von sechs tatsächlichen Bissverletzung zu einer halben Million brachte.

Die guten Leute warfen dann noch die 215.600 Bissverletzungen in die Waagschale, von denen sie überzeugt waren, „sie aufgedeckt zu haben", wenn man die Altersgruppe der 15- bis 17jährigen mit in die Studie einbeziehen würde. Und voilà: Hier haben wir die 4,7 Mio. Hundebisse, die durch die gesamte Literatur geistern. Doch die Unzuverlässigkeit dieser Daten ist noch nicht das größte Problem.

Verblüffend ist, dass jemand im Rahmen einer Studie in Bezug auf die öffentliche Gesundheit auf die Idee kam, Vorfälle einzubeziehen, bei denen gar niemand verletzt wurde. Sie protokollierten 148 solcher Vorfälle, was laut ihren Berechnungen zu 3.737.382 Menschen führt, die in diesem Jahr von Hunden gebissen, jedoch nicht verletzt worden waren. Dies, so die Studie, sollte ein Anlass zu großer Sorge sein.

Es ist eine sonderbare Idee, dass Vorfälle, die niemandem Schaden zufügen, als Teil einer Studie zur öffentlichen Gesundheit angesehen werden sollten. Niemand denkt auch nur darüber nach, zu erheben, wie oft Menschen zum Beispiel stolpern und hinfallen oder wie oft sie ein Messer fallen lassen, während sie den Salat fürs Abendessen schneiden, oder einen Ofen anfassen, der nicht heiß ist, wie oft eine Biene auf ihnen landet, ohne zu stechen, oder wie oft Menschen mit dem Fahrrad einen Zusammenstoß verursachen, dabei jedoch nicht verletzt werden. Versuchen Sie, sich an solche Ereignisse zu erinnern; auch wenn sie nur kurze Zeit zurückdenken, werden Sie bald feststellen, dass das unmöglich ist. Diese Dinge sind einfach zu trivial, um im Gedächtnis zu bleiben.

Wir sind nicht nur nicht daran interessiert, Vorkommnisse im Gedächtnis zu behalten, bei denen wir nicht verletzt wurden, es macht sich auch keiner die Mühe, die vielen kleinen Verletzungen zu zählen, solange sie nicht einen gewissen Grad erreicht haben. Üblicherweise haben erst solche Verletzungen eine Bedeutung, die eine medizinische Versorgung notwendig machen. Man kann zum Beispiel annehmen, dass beinahe 100 % aller Kinder hin und wieder von ihrem Dreirad oder Fahrrad fallen, ohne sich dabei ernsthaft zu verletzen, sondern lediglich ab und an mit aufgeschürftem Ellbogen oder Knie nach Hause kommen.

Dasselbe gilt wohl auch für Stürze von Spielgeräten oder Skateboards, für das Berühren einer noch heißen Pfanne, was zwar ein „Aua", jedoch keine Verbrennung zur Folge hat, oder wenn Kinder dabei helfen, den Salat für das Abendessen vorzubereiten und sich mit dem Messer schneiden. Wir treffen Vorkehrungen, um diese banalen Vorfälle zu verhindern, doch da sie praktisch jeden Tag vorkommen, ist es uns wichtiger zu verhindern, dass es dabei zu wirklichen Verletzungen kommt. Natürlich sieht niemand einen Sinn darin, all diese Vorfälle zu zählen, aber wenn es doch jemand tun wollte, wären die Zahlen offensichtlich enorm hoch.

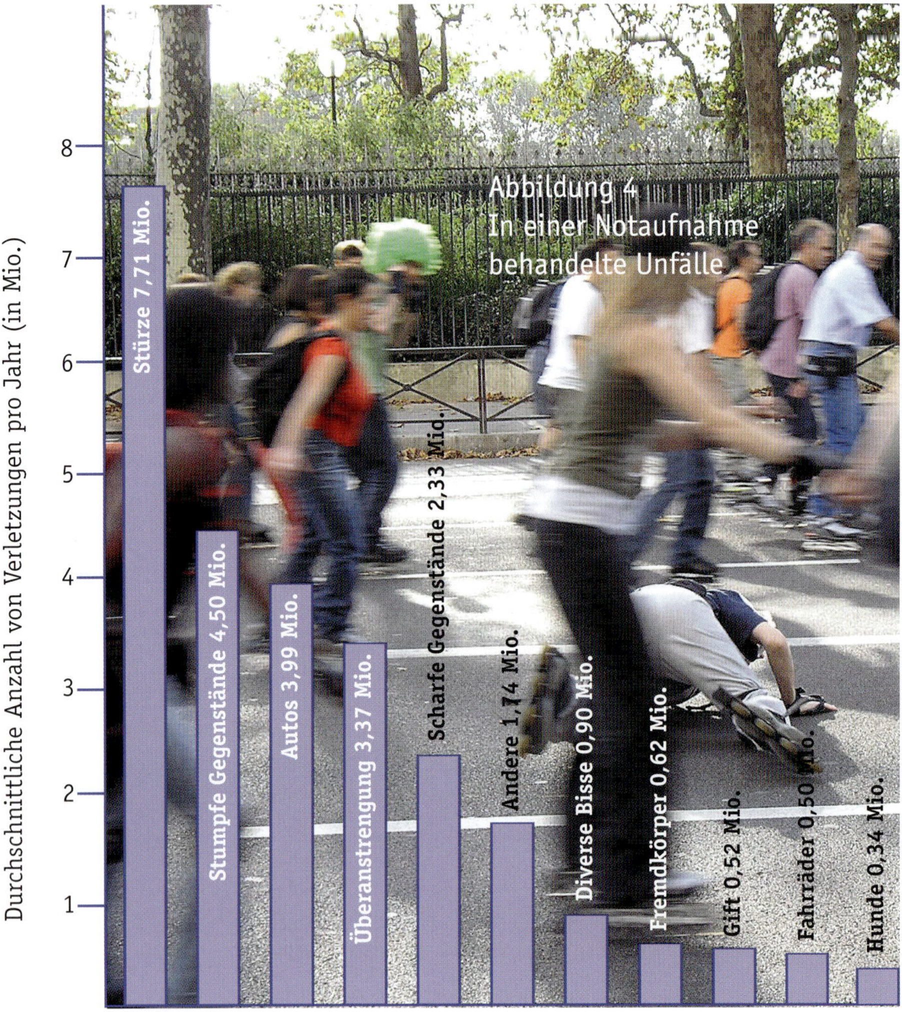

Durchschnittlich Anzahl der Verletzungen, die zwischen 2001 und 2003 in der Notaufnahme eines Krankenhauses behandelt werden mussten. Sportunfälle (4,3 Mio.) wurden hauptsächlich in die Kategorien „Stürze“, „Stumpfe Gegenstände“ und „Überanstrengung“ unterteilt. Quelle: Center of Disease Conrtol and Prevention. Web-based Injury Statistic Query and Reporting System (WISGARS).

Lassen wir also für einen Moment die Schwierigkeiten mit der Glaubwürdigkeit in Bezug auf die 4,7 Mio. Hundebisse pro Jahr außer Acht. Wenn diese Zahl tatsächlich stimmen sollte, so hieße das, dass jeder Einwohner der USA bis zu seinem 60. Lebensjahr damit rechnen kann, zumindest einmal von einem Hund gebissen zu werden. (Diese Rechnung bezieht sich auf eine geschätzte Bevölkerung der USA von 290 Mio. Menschen.) Und für jeden Menschen, der nicht gebissen wird, muss ein anderer armer Tropf zweimal herhalten. Auf den ersten Blick muss man sich fragen, weshalb Menschen überhaupt noch Hunde in ihrer Nähe haben wollen. Dann sollte man in Betracht ziehen, dass die Berechnungen der Studie selbst darauf hinweisen, dass 3,9 Mio. dieser Bisse keinerlei Verletzungen zur Folge hatten.

Natürlich leben Menschen mit Hunden zusammen, weil sie wunderbare Gesellschafter sind und uns selten wehtun. Und doch werden selbst die harmlosesten Vorfälle, an denen die Zähne eines Hundes beteiligt sind, mit missbilligendem Ernst in den Medien und in der Fachliteratur aufgegriffen. Dies scheint einiges über unsere Einstellung zu Hundebissen auszusagen. Niemand versucht auch nur, ähnliche Phänomene zu zählen, wenn diese keine physischen Verletzungen nach sich ziehen. Was Hundebisse betrifft, scheint es, als würden wir den Vorfall selbst, der in 80 bis 90 % der Fälle harmlos ist, mit der Verletzung, die daraus entstehen könnte, verwechseln.

Man kann ruhigen Gewissens behaupten, dass Hundebisse relativ häufig vorkommen, ebenso wie aufgeschürfte Knie oder angeschlagene Zehen, wie Stolpern und Hinfallen; obwohl sie nicht einmal annähernd so oft vorkommen wie all die anderen Dinge. Zu selten jedoch für die Standards, die für die tabellarische Darstellbarkeit von Risiken angesetzt werden (zum Beispiel: Anzahl von Vorkommnissen pro Zeiteinheit). Zu selten, wenn man in Betracht zieht, dass es in den USA geschätzte 60 bis 64 Mio. Hunde gibt. Oder anders ausgedrückt: einen Hund pro vier bis fünf Einwohner. Und fast jeder Hund kommt täglich mit mehreren Menschen in Berührung, was, vorsichtig geschätzt, rund zehn Milliarden Stunden Hund-Mensch-Kontakte im Jahr beinhaltet.

Beinahe alles, womit Menschen so viel Zeit verbringen, birgt gewisse Risiken. Zum Beispiel betreiben etwa 180 Mio. Amerikaner jeden Alters zumindest gelegentlich Sport oder gehen einer anderen körperlichen Betätigung nach. Die Gesamtzeit, die sie dafür aufwenden, ist wahrscheinlich geringer als jene, in der sie mit Hunden zusammen sind, doch sie ist immer noch sehr hoch. Etwa doppelt so viel Menschen wie Hundehalter betreiben Sport. Trotzdem kommen rund 13 Mal mehr Menschen mit Sport- als mit Bissverletzungen in die Notaufnahmen.

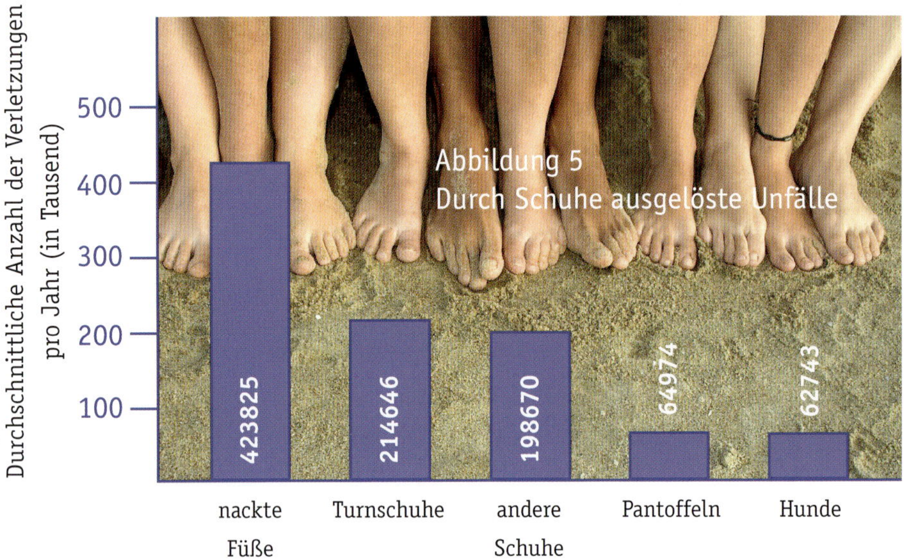

Abbildung 5
Durch Schuhe ausgelöste Unfälle

Sie brauchen nur einen Blick in Ihren Schuhschrank zu werfen und werden Dinge sehen, die weitaus gefährlicher sind als Ihr Hund. In Großbritannien, wo eine sehr differenzierte Unfallstatistik geführt wird, wurde festgestellt, dass Pantoffeln und Turnschuhe weitaus mehr Unfälle verursachen, die medizinisch versorgt werden müssen, als der Umgang mit Hunden. Sie können aber dieser Gefahr nicht entgehen, indem Sie einfach barfuß laufen, denn das wäre fast doppelt so gefährlich wie das Tragen jeglicher Art von Schuhwerk. Quelle: Royal Society for the Prevention of Accidents, Home and Leisure Accident Surveillance System. Jahresbericht 2000-2002

Ein weiteres, etwas eigenwilliges Beispiel sind Unfälle, die durch das Tragen von Hausschuhen entstehen. Laut einer britischen Statistik für das Jahr 2002 ist die Anzahl der durch Hausschuhe ausgelösten Unfälle etwas höher als die Zahl derjenigen, die durch Hunde verursacht wurden (Bissverletzungen und andere Zwischenfälle). Und wie steht es mit Unfällen, die durch Barfußgehen verursacht wurden? Diese Zahl ist mehr als doppelt so hoch.

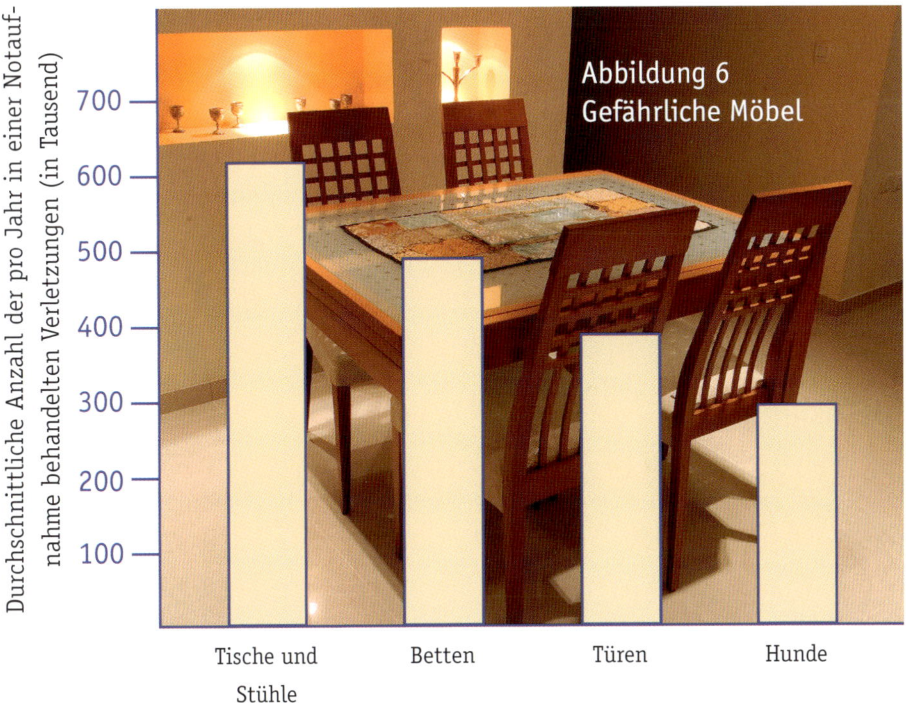

Abbildung 6
Gefährliche Möbel

Tische und Stühle sind jeweils für sich gesehen in etwa für dieselbe Anzahl an in Notaufnahmen behandelten Verletzungen verantwortlich wie Hunde. Insgesamt ist das Esszimmermobiliar also doppelt so gefährlich. Selbst Betten und Türen sind riskanter als Hunde. Wenn Sie also geglaubt haben sollten, Sie seien sicher, wenn Sie sich in Ihrem Bett verkriechen und die Türen schließen, müssen Sie diese Strategie noch einmal überdenken. Quelle: US Consumer Product Safety Commission: NEISS Daten 2003.

Hunde im Vergleich mit Schaukeln

Zwischen Verletzungen durch Hundebisse und anderen Verletzungen werden manchmal merkwürdige Vergleiche gezogen; das gilt vor allem für Verletzungen, die Kinder betreffen. Eine große Studie zu tödlichen Beißvorfällen, die vom National Center for Injury Prevention and Control herausgegeben wurde, beschreibt beispielsweise die jährlich innerhalb aller Altersgruppen auftretenden 12 bis 15 Todesfälle und 368.000 Konsultationen in Notaufnahmen nach Hundebissen als in etwa vergleichbar mit den 17 Todesfällen und 205.000 behandelten Verletzungen allein von Kindern nach einem Unfall auf dem Spielplatz.

Einer von mehreren wichtigen Punkten, auf die in der Studie nicht eingegangen wird, ist die enorme Differenz zwischen den Altersgruppen bei beiden Phänomenen. Die Zahlen für Bissverletzungen beziehen sich auf die Gesamtbevölkerung, vom Kleinkind bis zum Senioren. Andererseits machen Kinder unter 14 Jahren nur ca. 21 % der Gesamtbevölkerung aus, stehen jedoch für praktisch alle Spielplatzunfälle. Somit ist ein viel kleinerer Prozentsatz der Bevölkerung tatsächlich den Gefahren am Spielplatz ausgesetzt; außerdem ist die Häufigkeit und auch die Zeit, die dieser Teil der Bevölkerung auf dem Spielplatz verbringt, geringer als die, die er mit Hunden in Kontakt ist. Es erscheint außerdem unwahrscheinlich, dass es in den USA 60 Mio. Spielplatzgeräte gibt (dies würde bedeuten, dass zu der Zeit als dieses Buch geschrieben wurde pro Kind unter 12 mehr als ein Spielplatzgerät hätte geben müssen und dies ist definitiv nicht der Fall).

Doch der wahre Haken an diesem Vergleich ist folgender: Nach einer zuverlässigen Schätzung ziehen fast die Hälfte (45 %) aller Spielplatzunfälle schwere Verletzungen nach sich. Dies sind innere Verletzungen, Gehirnerschütterungen, ausgerenkte, gebrochene und amputierte Gliedmaßen. Mehr als 3 % der Kinder, die nach einem Spielplatzunfall in die Notaufnahme gebracht werden, müssen im Krankenhaus bleiben. Die meisten Hundebisse verursachen kleine Löcher in der Haut oder harmlose Fleischwunden. Zwischen 1 % und 1,6 % der Opfer von Hundebissen, die in der Notaufnahme behandelt werden, bleiben zur Behandlung oder Beobachtung im Krankenhaus, wie drei unterschiedliche Studien zum Thema Hospitalisierung ergaben. Der falsche Vergleich über die Häufigkeit des Auftretens beider Unfallarten dient nun dazu zu beklagen, dass dem Problem mit den Bissverletzungen nicht ebenso durch umfangreiche Präventionsmaßnahmen entgegengetreten wird, wie es bei den Spielplatzunfällen der Fall ist. Es wurden Standards für die Plätze und deren Ausstattung entwickelt, Trainings- und Inspektionsprogramme eingeführt, Personal für die Instandhaltung der Spielplätze eingestellt und kürzlich ein staatlich gefördertes Zentrum für Spielplatzsicherheit zur Information der Öffentlichkeit eingerichtet (Sacks et.al, 1996).

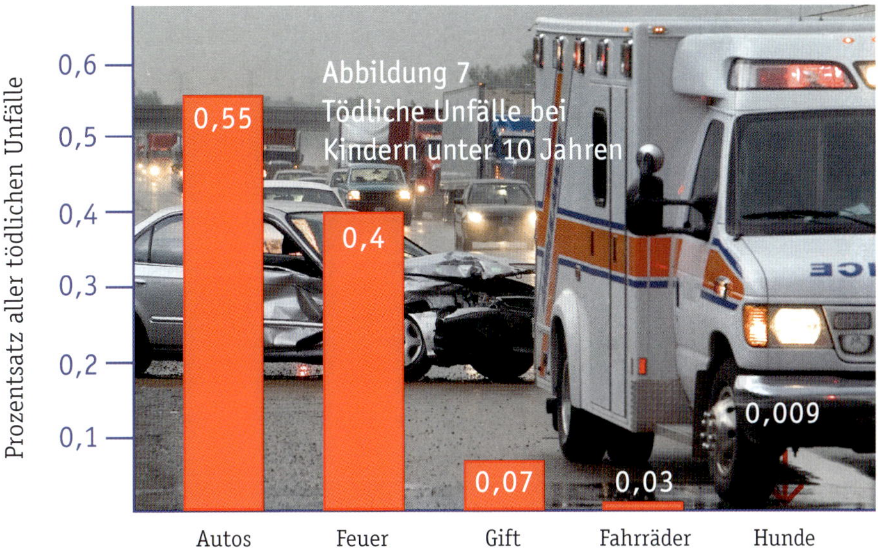

Eine Möglichkeit herauszufinden, wie schwerwiegend gewisse Verletzungen sind, ist festzustellen, wie viel Prozent davon tödlich enden. Diese Abbildung zeigt den Prozentsatz an Verletzungen bei Kindern unter 10 Jahren, die zunächst schwerwiegend genug waren, um in einer Notaufnahme behandelt zu werden und tödlich endeten. Der höchste Prozentsatz (links) zeigt, dass eines von 179 Opfern eines Autounfalles nach der Behandlung in der Notaufnahme stirbt. Jeweils ein Opfer von Hundebissen von 10.995, die in einer Notaufnahme landen, erliegt seinen Verletzungen. Quelle: CDC and WISGARS, 2001-2002. Daten zur Anzahl von Hundebissen: CDC, 1979-1998

Die Haltung von Hunden sollte Vorschriften unterliegen – wie der Besitz von Waffen

Die Hundehaltung ist jedoch im wesentlichen bereits reguliert. Niemand ist dazu verpflichtet, seine Kinderschaukel für den Garten anzumelden, die er im Discountladen gekauft hat, obwohl gerade die Spielgeräte für den heimischen Garten für einen Großteil der oben erwähnten Todesfälle verantwortlich sind. Im Gegensatz dazu verlangt so gut wie jede Gemeinde Amerikas, dass die Hunde angemeldet werden und ein Impfnachweis vorliegt. Das ist das beste Beispiel für Sicherheitsstandards, die für die Hundehaltung entwickelt und umgesetzt wurden. Sie entstanden im Zuge der Ausrottung einer einst durchaus realen Gefahr, die von Hundebiss-Verletzungen für Menschen ausging: die Ansteckung mit Tollwut. Früher war eine Übertragung auf den Menschen relativ häufig, doch seit 1979 ist in den USA kein Fall von Tollwut, die von einem Hund auf einen Menschen übertragen wurde, mehr bekannt. (Es gibt immer wieder vereinzelt Fälle von Haushunden, die von Tollwut befallen werden, doch diese hat man im Griff.)

Ähnlich weit verbreitet ist die Vorschrift, dass sich Hunde unter Aufsicht befinden müssen, sei es nun auf dem Grundstück des Besitzers oder – an öffentlichen Orten – an der Leine. Ausnahmen bilden nur die (oft heiß diskutierten) gekennzeichneten Freilaufzonen. Natürlich wird das Einhalten dieser Regeln meist nur mangelhaft kontrolliert, das bedeutet allerdings nicht, dass auf diesem Gebiet gar keine Regulierung existiert.

Zahlreiche Gemeinden haben versucht, allgemeine Sicherheitsstandards für die Hundehaltung einzuführen. Üblicherweise nach vereinzelten schweren Beißvorfällen. Die Folgen waren äußerst problematisch, denn sie resultierten oftmals in völlig überzogenen Vorschriften wie beispielsweise in dem Zuchtverbot bestimmter Rassen (mehr dazu in Kapitel VI). Manches Mal treffen die gesetzgebenden Organe ihre Entscheidungen aus dem hohlen Bauch heraus, in anderen Fällen stützen sie sich auf die unverantwortlich verfälschten Studien, die in diesem Bereich als Forschung durchgehen; doch zweifellos bestehen bereits Gesetze in Bezug auf „gefährliche Hunde".

Ein Schrei ist nicht dasselbe wie ein Angriff mit einer tödlichen Waffe

Die meisten Versuche, „gefährliche Hunde" zu eliminieren, gehen von vollkommen falschen Voraussetzungen aus. Sie basieren auf der Annahme, dass ein Hund, der bereits gebissen oder auch nur geknurrt, die Zähne gefletscht oder abgeschnappt hat – ganz gleich, ob er dabei jemanden verletzt hat oder nicht – eher jemandem verletzen wird, als ein Hund, der noch nie gebissen hat. Angeblich hat der Hund damit seinen schlechten Charakter bereits demonstriert. Das ist eine völlig unbewiesene Mutmaßung. Ob ein Hund knurren, die Zähne fletschen oder abschnappen wird, ist nicht die Frage. Die meisten Hunde tun das und zwar vor allem dann, wenn sie aufgebracht sind. Die Frage ist, ob der Hund dabei tatsächlich jemanden verletzen würde.

Knurren, Zähnefletschen und Abschnappen sind Warnsignale. Damit will uns der Hund sagen: „Verschwinde" oder „Hör auf". Oftmals bringen diese Signale die Menschen dazu, sich zurückzuziehen, wodurch ein Biss verhindert wird. Natürlich ist ein Hund, der sich in Gegenwart von Menschen so unsicher fühlt, dass er sie am liebsten vertreiben möchte, ein dringender Kandidat für ein Verhaltenstraining. Doch ein Hund, der sein Unbehagen nicht mit Knurren, Zähnefletschen oder Abschnappen zum Ausdruck bringt, ist viel gefährlicher, denn dieses Tier wird ohne Vorwarnung zubeißen.

Egal wie gut eingegliedert, sozialisiert und tolerant ein Hund ist: Es gibt einfach keine Garantie dafür, dass er während seines ganzen Lebens in keine einzige beunruhigende Situation mit einem Menschen kommt. Die meisten Hunde erleben solche Situationen. Die schwierigste Frage ist, was der Hund tun wird, wenn er genug verunsichert wird, um zu beißen. Was wird er tun, wenn ihm ein Kleinkind einen Finger ins Auge steckt oder seinen wertvollen Fleischknochen wegnimmt? Das Studium der nächsten Verwandten der Hunde, der Wölfe, und der Haushunde gibt uns Aufschluss darüber.

Wölfe und Hunde verfügen als Jäger über ernstzunehmende Waffen, mit denen sie ihre Beute töten. Als soziale Wesen, die sich gegenseitig schützen und gemeinsam jagen, müssen sie sich auf die Solidarität in ihrem Rudel verlassen können. Sie benötigen Strategien im Zusammenleben, um auftretende Konflikte im Rudel mit einem Minimum an Verletzungen zu lösen. Wie machen sie das?

In den 1970er Jahren führten Dr. Frank Beach und Dr. Ian Dunbar an der University of California eine Studie an einem Rudel domestizierter Hunde durch, die beinahe ein Jahrzehnt dauerte (eine von lediglich zwei Studien, die sich je mit domestizierten Hunden beschäftigt hat). Sie fanden heraus, dass diese Hunde, wie Wölfe auch, während des Aufwachsens unter Artgenossen lernen, die Kraft ihrer Kiefer selbst in der hitzigsten Auseinandersetzung moderat einzusetzen. Die Welpen lernen beim Spielen und Herumbalgen, dass ihre Spielkameraden, wenn sie ihre nadelspitzen Zähnchen zu stark einsetzen, die Welpenversion von „Aua" schreien und der Spaß vorbei ist. Dass man auf Spielzeit verzichten muss, während der Spielpartner grummelt und sich die „Wunden" leckt, ist für ein derart soziales Lebewesen eine enorme Strafe.

Die Welpen lernen also, sanft zu beißen, ohne zu verletzen. Es ist gut möglich, dass der effektivste Weg zu weniger Bissverletzungen darin besteht, sich bei der Züchtung und dem Training von Hunden darauf zu konzentrieren, die Aneignung und Verlässlichkeit der sogenannten erlernten Beißhemmung zu unterstützen. Ein erwachsener Hund, der

Auch im Spiel erlernen Welpen die Beißhemmung.

schon abgeschnappt, gezwickt oder gebissen hat, ohne dabei zu verletzen, ist offensichtlich weniger gefährlich als ein noch so tolerantes Tier. Jeder Hund hat einen Punkt, an dem es ihm zu viel wird.

Die Förderung der Beißhemmung wäre eine Methode, die mit jener vergleichbar ist, mit der auf Spielplätzen für Sicherheit gesorgt wird; hier erwartet auch niemand, Stürze von Spielgeräten gänzlich verhindern zu können. Jedem ist klar, dass Kinder irgendwann einmal stürzen. Ziel ist es, dass sie sich dabei nicht verletzen. Dies wird vor allem durch die Modifizierung der Spielgeräte erreicht. Die Beißhemmung ist wie die Gummimatte unter der Tarzanschaukel: Das Ergebnis sind Bisse und Stürze, bei denen sich niemand weh tut.

Mein sanftmütiger Greyhound Henry jaulte und zappelte panisch, als er sich eines Tages mit seiner Kralle in einer Decke verfing. Ich war geradezu erfreut, dass er mich bei meinem Versuch, ihn zu befreien, dreimal kurz hintereinander biss. Ich war deshalb erfreut, weil ich seine Zähne kaum spürte, obwohl ich sah, wie sich sein Fang um mein Handgelenk schloss. Es war einfach beruhigend, dass seine Beißhemmung sogar im Zustand der Panik funktionierte.

Natürlich sollte auch einige Aufmerksamkeit darauf verwendet werden, Kinder zu lehren, so vorsichtig wie möglich zu sein, um nicht von der Tarzanschaukel zu fallen bzw. Hunde nicht zu verunsichern. Auf die Frage, wie man Kindern die grundlegenden Sicherheitsregeln im Umgang mit Hunden näher bringt, wird im letzten Kapitel eingegangen; durch diese Regeln kann möglicherweise die Anzahl von Beißvorfällen mit und ohne Verletzungen verringert werden.

Hilfe! Hilfe! Der Hund hat mich mit einem Zahn geritzt!

Doch wie reagieren wir, wenn es tatsächlich einmal zu einer Verletzung kommt? Eines Abends, während des Spaziergangs mit dem Hundesitter, biss mein Hund Willy einen Polizisten, der auf ihn zuging und ihn ohne Vorwarnung berühren wollte. An der Leine, ein Fremder, der rasch auf ihn zukam und ihn berühren wollte, Uniform und Dunkelheit – jeder einzelne dieser Faktoren macht ihn ein wenig nervös. Die Kombination dieser Faktoren war einfach zu viel für ihn. Willy sprang den Polizisten an, brachte dem Hemdsärmel des Mannes, vermutlich mit einem seiner langen Eckzähne, einen ca. acht cm langen Riss bei und fügte ihm auf der Oberseite des Unterarms einen Kratzer zu. Es kam zu keinem Kontakt mit der Unterseite des Arms. Willy hatte entweder beim Schnappen nach dem Hemd den Arm gestreift oder er hatte den Fang um den Arm des Mannes gelegt, ohne ihn zu schließen und damit eine ausgezeichnete Beißhemmung demonstriert. Es wurde entschieden, dass nicht einmal ein Pflaster nötig war.

Der Kommentar des Polizisten lautete allerdings: „Wow, der hat mich ganz schön erwischt, nicht?“. Nun befand sich Willy gerade in seiner Blütezeit: ein 50 kg schwerer Rottweiler-DSH-Mischling. Um den Arm des Mannes innerhalb einer Zehntelsekunde zu brechen, hätte es nur eines Bruchteils seiner Kieferkraft gebraucht. Und obwohl sich der Vorfall in einer winzigen Stadt in Marin County zutrug, wo sich die gefährlichsten Einsätze der Polizei im Auflösen gelegentlicher Kneipenschlägereien erschöpfen, wäre der Polizist vermutlich zu sehr Macho gewesen, um eine so geringfügige Verletzung in anderem Zusammenhang auch nur zu bemerken.

Mein Hundesitter reagierte jedoch, sagen wir mal, nicht sehr vernünftig und unterstützte die übertriebene Reaktion des Officers, anstatt ihn mit einem: „Nun kommen Sie schon, dass sieht wirklich nicht nach einem echten Biss aus.“ zu beruhigen. Ich glaube, es hat nicht viel gefehlt, dann hätte der Officer den leichten Kratzer auch noch „ärztlich begutachten“ lassen, eine übliche goldene Regel bei ernsthaften Verletzungen. Ich vermute schon lange, dass viele Menschen Hundebisse anders wahrnehmen (vielleicht durch ein Vergrößerungsglas) als Verletzungen, die durch andere gewöhnliche Vorfälle entstehen.

Mehr Pflaster als Nähte

Tatsächlich bestätigen die gesammelten Daten für die in Notaufnahmen und Krankenhäusern behandelten Bissverletzungen diese Vermutung. Als eine Form von Verletzungen, die medizinisch versorgt werden müssen, sind Bissverletzungen im Durchschnitt weniger schwer als alle anderen gewöhnlichen Verletzungen. Beim durchschnittlichen behandelten Hundebiss handelt es sich um eine leichte Verletzung, eine 1 auf einer Skala von 1 bis 6 (Verletzungen der Stufe 1 sind jene, von denen sich der Patient schnell erholt und keine bleibenden Schäden davonträgt; Stufe 6 bedeutet, dass mit dem Tod des Patienten zu rechnen ist). Nur 1 % aller behandelten Bissverletzungen werden höher als 1 bewertet.

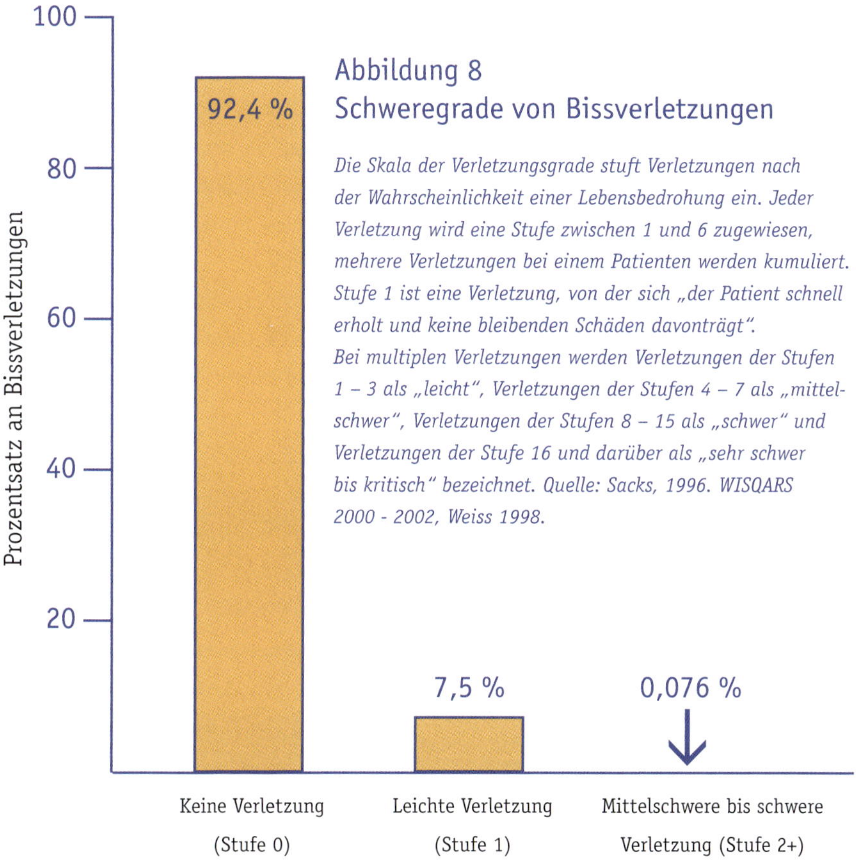

Abbildung 8
Schweregrade von Bissverletzungen

Die Skala der Verletzungsgrade stuft Verletzungen nach der Wahrscheinlichkeit einer Lebensbedrohung ein. Jeder Verletzung wird eine Stufe zwischen 1 und 6 zugewiesen, mehrere Verletzungen bei einem Patienten werden kumuliert. Stufe 1 ist eine Verletzung, von der sich „der Patient schnell erholt und keine bleibenden Schäden davonträgt".
Bei multiplen Verletzungen werden Verletzungen der Stufen 1 – 3 als „leicht", Verletzungen der Stufen 4 – 7 als „mittelschwer", Verletzungen der Stufen 8 – 15 als „schwer" und Verletzungen der Stufe 16 und darüber als „sehr schwer bis kritisch" bezeichnet. Quelle: Sacks, 1996. WISQARS 2000 - 2002, Weiss 1998.

Um diese Zahlen in Relation zu setzen: Stürze fallen durchschnittlich in Stufe 4. Dies bedeutet, dass die Verletzung mäßig schwer ist und Wochen oder Monate braucht, um auszuheilen, oder dass leichte Folgeschäden zurückbleiben können. Der Vergleich der Schwere von Sturz- und Bissverletzungen bezieht sich auf Daten, die während einer Studie über Verletzungsgrade in den Jahren 1994 und 1995 vom Pennsylvania Department of Health gesammelt wurden. Diese Studien wurden herangezogen, da sie aus derselben Quelle stammen, auf dieselbe Weise erhoben wurden und alle relevanten Entlassungen (nicht nur Stichproben) eines Jahres abdecken.

Verglichen mit Menschen mit Bissverletzungen werden Menschen, die sich bei einem Sturz verletzt haben, viermal so häufig ins Krankenhaus eingeliefert und sind mehr als 100 mal häufiger lebensgefährlich verletzt. Diese Diskrepanz zeigt sich auch bei vielen anderen Verletzungsursachen. Selbst die Jahr für Jahr auftretenden Verletzungen durch Überlastung werden laut Datenmaterial schwerer eingestuft als Bissverletzungen. Wie zu vermuten, kostet die durchschnittliche Behandlung einer Bissverletzung weniger und mündet weniger oft in einem Krankenhausaufenthalt als andere Verletzungsursachen.

Dies erklärt auch, warum Kinder, die bereits von einem Hund gebissen wurden, oftmals nicht mehr Angst vor Hunden haben, als solche, die noch nie gebissen worden sind. Dieses auf den ersten Blick verwirrende Ergebnis entstammt einer viel zitierten Studie, die 1980 in Pennsylvania durchgeführt wurde und an der 3.200 Schulkinder teilnahmen. 46 % der Kinder gaben an, bereits einmal so gebissen worden zu sein, dass sie einen Kratzer davongetragen hatten. Diese Kinder mochten Hunde nach wie vor genauso gerne wie diejenigen, die noch nie gebissen worden waren. Mit einer Wahrscheinlichkeit von bis zu 100 % waren die Kinder bereits einmal von ihrem Fahrrad gestürzt. Trotzdem fuhren sie alle sicherlich noch gerne Rad. Bezüglich oben genannter Studie stellt sich jedoch die Frage, wie viele der befragten Kinder Anweisung erhalten hatten, nur Beißvorfälle anzugeben, die zumindest zu einer Verletzung der Haut führten und die einen aggressiven und keinen spielerischen Hintergrund hatten.

Abbildung 9
Bissverletzungen im Vergleich zu Stürzen

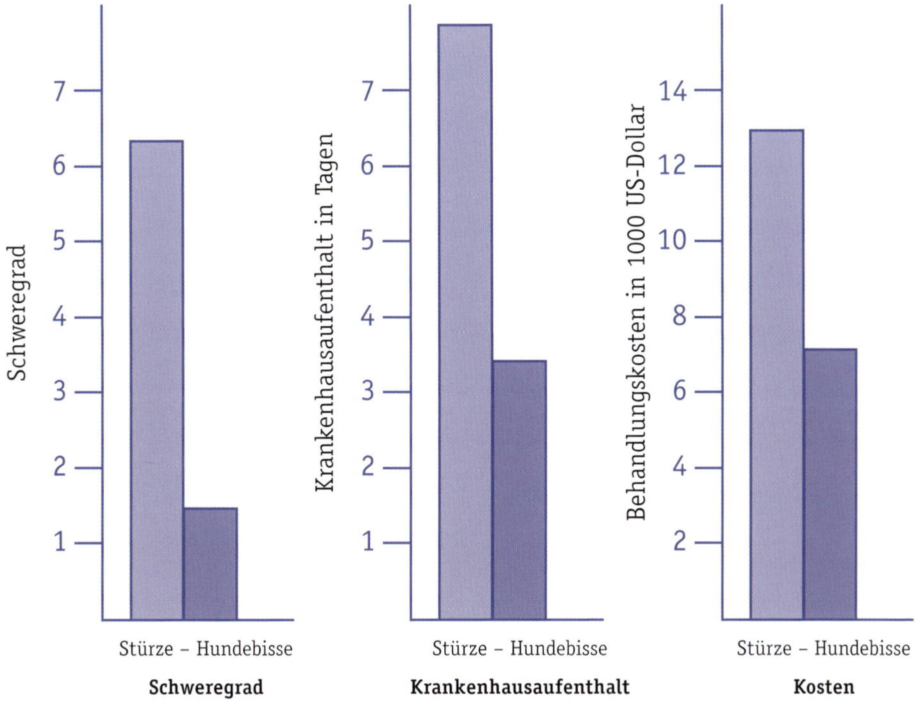

Selbst Hundebisse, die einen Krankenhausaufenthalt notwendig machen, sind in der Regel weniger schwerwiegend als Verletzungen nach einem Sturz. Falls in einem seltenen Fall nach einem Hundebiss doch eine medizinische Versorgung notwendig ist, kostet diese weniger als eine Behandlung nach einem Sturz und dauert in der Regel auch nur halb so lange, wodurch der Aufenthalt im Krankenhaus ebenfalls wesentlich kürzer ausfällt. Verletzungen der Stufen 1 – 3 werden als „leicht", 4 – 7 als „mittelschwer", 8 – 15 als „schwer" und Verletzungen der Stufe 16 und darüber als „sehr schwer bis kritisch" bezeichnet. Quelle: Pennsylvania Department of Health, Verletzungsübersicht, 1994 und 1995.

Tatsächlich sind Hunde nicht die gefährlichsten Haustiere. Dieser Rang kommt den Pferden zu. Obwohl auf jedes Pferd in den USA zehn Hunde kommen, sind Pferde für ein Drittel mehr Verletzungen verantwortlich als Hunde.

Diese Verletzungen sind dramatischerweise häufig ernster; Gehirntraumata stehen hier an erster Stelle.

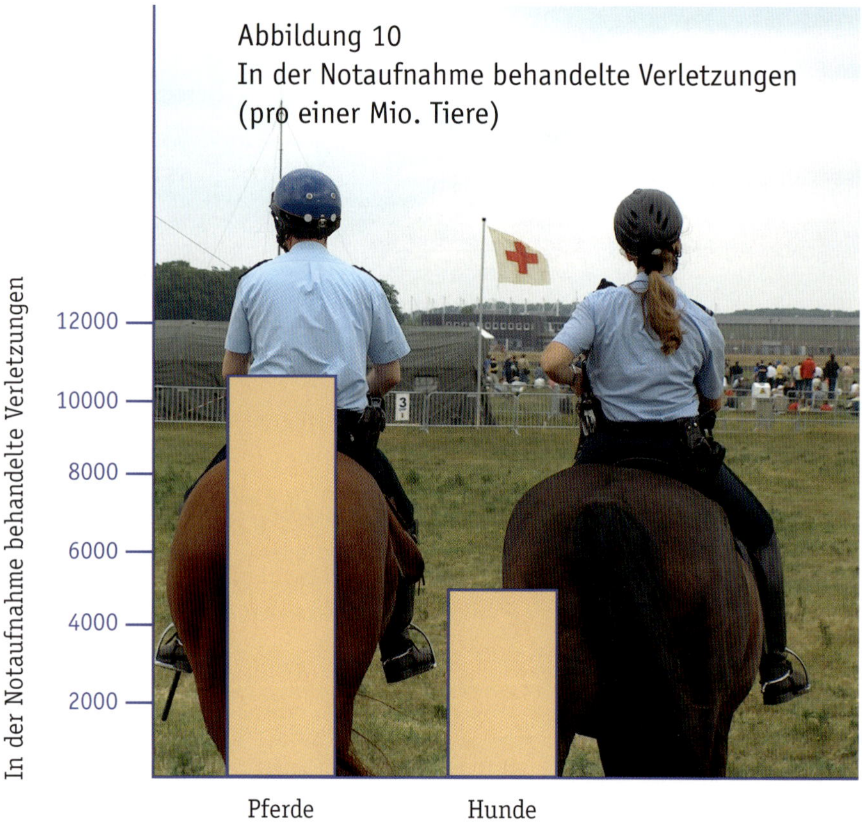

Jedes Jahr werden pro 1 Mio. Pferde über 10.000 Verletzungen in der Notaufnahme eines Krankenhauses behandelt. Pro 1 Mio. Hunde werden lediglich ca. 5.000 Menschen aufgrund einer durch einen Hund verursachten Verletzung behandelt. Quelle: Pferde – NEISS 2001 – 2003, Hunde – WISQAR 2001 – 2003

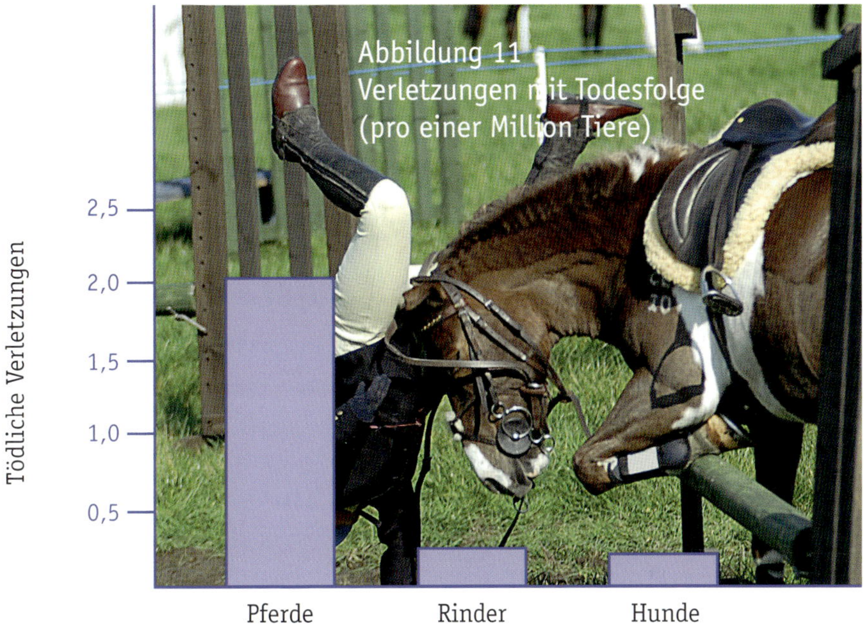

Pro 1 Mio. Pferde gibt es 2,16 Unfälle mit Todesfolge pro Jahr; damit sind Pferde die bei weitem gefährlichsten Haustiere. Sowohl bei den Rindern als auch bei den Hunden kommt es pro 4 Mio. Tiere nur zu ca. einem Unfall mit Todesfolge im Jahr. Wenn man jedoch bedenkt, dass Rinder viel weniger Zeit mit Menschen verbringen als Hunde, sind auch sie als gefährlicher einzustufen. Quelle: Amerikanische Erfassung tödlicher Berufsverletzungen, 1992 – 1994

Sogar Rinder verursachen gleich viele Verletzungen wie Hunde, obwohl viele von ihnen nur selten und kurz in Kontakt mit Menschen kommen.

Die Realität ist also, dass Hunde fast nie einen Menschen töten und tatsächlich auch nicht sehr oft zubeißen. Wenn sie es doch tun, wird dabei selten jemand verletzt und wenn doch jemand verletzt wird, sind die Verletzungen selten schwerwiegend.

Warum also haben so viele Menschen Angst, von einem Hund gebissen zu werden?

KAPITEL III
ANGSTFAKTOREN

Angst ist positiv. Sie ist überlebensnotwendig, vielleicht sogar notwendiger als ihr Bruder, der Schmerz. Angst bringt uns dazu, etwas zu tun, um uns selbst und diejenigen, die uns wichtig sind, vor Gefahren zu schützen. Die Angst veranlasste mich heute morgen auf dem Heimweg vom Hundeauslaufgebiet, heftig die Bremse zu treten, als plötzlich ein Auto vom Randstein losfuhr und direkt auf meinen Wagen zuhielt. Angst lässt uns effizient handeln, wenn das sorgfältige Abwägen der Möglichkeiten zu lange dauern würde. Angst ist wichtig, wenn uns nur noch Erstarren, Flucht oder Konfrontation das Leben retten kann.

Wir Menschen sind aber auch Lebewesen (und wahrscheinlich die einzigen), die sich Gedanken über die Zukunft machen und sich allerlei schlimme Vorkommnisse ausmalen können. Die Entwicklung der Fähigkeit zu planen, bedeutete einen großen Sprung in der Evolution unserer Spezies und ist ein wesentlicher Bestandteil unserer Rationalität. Rationalität und Angst haben allerdings nicht viel miteinander zu tun. Sie leben in unterschiedlichen Räumen unseres Gehirns und der Psyche und sind einander oft entfremdet.

Steinzeitängste im 21. Jahrhundert

Die Forscher, die die wissenschaftliche Risikoanalyse entwickelten, erkannten bald den tiefen Abgrund zwischen Angst und Vernunft. Ihr Ziel war es, Risiken zu messen und somit den Menschen zu helfen, die Risiken von neuen Technologien wie zum Beispiel der Atomenergie zu kalkulieren; und zwar vor allem dann, wenn eine einfache Versuch-und-Irrtum-Strategie kaum zum Ziel führen würde. Dabei fanden die Wissenschaftler jedoch heraus, dass rational gesammelte Informationen über die tatsächlichen Gefahren kaum Auswirkung auf die Wahrnehmung der Menschen hatten; sie konnten die tatsächliche Angst der Menschen vor einem möglichen Eingriff in ihre Umwelt nicht beeinflussen.

Es stellte sich heraus, dass die Art der Gefahr (nicht was wirklich hinter ihr steht oder ihre tatsächliche Stärke) an sehr alte, sehr tief sitzende Selbstschutzmechanismen gekettet ist. Die Intensität unserer Angst wird also, wenn überhaupt, von der Ernsthaftigkeit der Gefahr beeinflusst.

Manchmal ziehen die Maßnahmen, die wir treffen, um uns vor kleinen Gefahren zu schützen, einen weitaus größeren Schaden nach sich, als hätten wir gar nichts unternommen. Mit anderen Worten: Indem wir große Veränderungen in unserer Umwelt vornehmen, um Vorfälle zu vermeiden, die nur sehr selten geschehen, können wir große Probleme heraufbeschwören.

Welche Faktoren beeinflussen unsere Wahrnehmung einer potenziellen Gefahr?

„Das mache ich nicht freiwillig"

Sozialpsychologen, die die Faktoren der Risikowahrnehmung untersuchten, fanden heraus, dass Menschen Gefahren, denen sie sich nicht freiwillig aussetzen, als größer einstufen als die, denen sie sich freiwillig und wissentlich aussetzen. Der Gedanke an einen gefährlichen Hund beschwört also das Bild einer rasenden Meute halbwilder Tiere herauf, die herumstreunt und fremde Menschen attackiert, obwohl die überwiegende Mehrheit aller Bissverletzungen (ob nun tödlich oder nicht) Menschen betrifft, die mit dem Hund im selben Haushalt leben.

„Das kann ich nicht beeinflussen"

In Relation zur Angst davor, in eine gefährliche Situation zu geraten, steht die gesteigerte Wahrnehmung von Gefahr, wenn Menschen ein Risiko nicht kontrollieren können. Da nur sehr wenige Menschen etwas über das Verhalten von Hunden wissen, erscheint ihnen hundliche Aggression unvorhersehbar und grundlos.

„Das ist nicht richtig"

Dieses Unwissen verstärkt die Wahrnehmung von Gefahr zusätzlich, wenn das Verhalten als unmoralisch eingestuft wird. Dies ist einer der Schäden, die durch den allgegenwärtigen Fehler des Menschen entstehen, an das Hundeverhalten ethische Maßstäbe anzulegen. Abgesehen davon, dass das einfach unsinnig ist, führt es dazu, dass der beißende Hund als von Natur aus böse angesehen wird, der aus Bösartigkeit heraus handelt und aus diesem Grund um so beängstigender erscheint.

„Das ist mir noch nie passiert"

Dann ist da noch der Faktor des Bekannten gegenüber dem Unbekannten. Ich denke oft, es wäre gut, wenn jeder einmal von einem Hund gebissen und ganz leicht verletzt würde – also in etwa so, als hätte man sich den Zeh gestoßen. Oder vielleicht ein bisschen schlimmer. Ich weiß, dass ich nun, da ich schon einmal von einem Hund gebissen wurde, viel weniger Angst davor habe, als zuvor. Das Gefühl der Angst vor dem Unbekannten war viel schlimmer als die Realität, denn, wie bei vielen anderen kleinen Unfällen im Laufe meines Lebens, schmerzte es einige Zeit und ging dann vorbei.

„Alle reden darüber"

Als im Jahr 2001 seit Beginn der Aufzeichnung solcher Vorfälle der erste Mensch durch Bissverletzungen in San Francisco zu Tode kam, berichteten Zeitungen, Fernsehen und Radio wochenlang von nichts anderem. Eine schnelle Suchanfrage in der allgemeinen Nachrichtendatenbank förderte über 200 Zeitungsartikel über diesen Vorfall zu Tage, die in den darauf folgenden vier Wochen veröffentlicht worden waren, und dies allein in kalifornischen Zeitungen. Im Verlauf des restlichen Jahres erschienen weitere 200 Artikel und in den darauf folgenden zwei Jahren nochmals 150. Die Medien verbreiteten grausige Spekulationen (es gab kaum wirkliche Fakten zu diesem Ereignis), was dazu führte, dass die Menschen die Gefahr verstärkt wahrnahmen.

Bald begannen die Menschen, die Straßenseite zu wechseln und sich schützend vor ihre Kinder zu stellen oder – noch schlimmer – sich Stöcke zu schnappen, um damit drohend vor meiner Kollegin herumzufuchteln, wenn sie mit ihrem freundlichen, etwas schüchternen (und angeleinten) Deutschen Schäferhund durch den Golden Gate Park spazierte. Die reißerische Publicity zeigte Wirkung.

Je mehr wir uns einer Gefahr bewusst sind, um so mehr Publicity bekommt sie und um so ängstlicher werden wir. Vielleicht liegt es daran, dass wir – in Anbetracht unserer Evolutionsgeschichte – noch vor relativ kurzer Zeit in kleinen Gemeinschaften von maximal ein paar Dutzend bis ein paar Hundert Menschen gelebt haben und kaum Informationen vom Leben außerhalb unserer Gruppe erhielten. Aus diesem Grund verarbeiten wir Informationen über Fremde, die von den Medien bis ins kleinste Detail dargestellt werden, intuitiv so, als beträfen sie ein Mitglied unserer eigenen kleinen Gemeinschaft.

Das Risiko, an einem Insektenstich zu sterben, ist höher, als das, durch einen Hundebiss ums Leben zu kommen.

Natürlich lohnt es sich, Energie darauf zu verwenden, Gefahren wie Waffen, Gifte oder Alzheimer wo immer es geht zu meiden, die einen von hundert Menschen das Leben kosten (laut dem National Center of Health Statistics machte jede dieser drei Ursachen im Jahr 2001 rund 1 % aller Todesfälle aus). Das Problem ist, dass wir detailgetreu und sehr persönlich von Unfällen erfahren, deren Wahrscheinlichkeit bei 1 : 10 000 (zum Beispiel Ertrinken in der Badewanne), bei 1 : 100 000 (zum Beispiel Tod durch Insektenstich) oder gar bei 1 : 1 Mio. liegen (zum Beispiel wenn jemand von einem Bären gefressen wird). Durch diese Zurschaustellung nehmen wir die Ereignisse so wahr, als würden sie in unserer unmittelbaren Nachbarschaft geschehen. Uns fehlt das mentale Rüstzeug, sie in die richtige Perspektive zu setzen. Auf diese Weise verstärkt Publicity die menschlichen Ängste

„Kinder in Gefahr! Kinder in Gefahr!"

Gefahren für die nächste Generation machen uns mehr Angst als Gefahren für Erwachsene. Neueste Forschungen belegen, dass Erwachsene öfter von Hunden gebissen werden als Kinder. Kinder laufen jedoch häufiger Gefahr, auf eine bestimmte Art (nämlich die, die medizinisch behandelt werden muss) gebissen zu werden.

Eine der möglichen Erklärungen hierfür wäre, dass Bisse in Kopf und Oberkörper öfter als so schwer klassifiziert werden, dass medizinische Versorgung notwendig wird. Da Kinder kleiner sind, werden sie eher in den Kopf oder Oberkörper gebissen, während Erwachsene meist Verletzungen an Händen, Armen oder Beinen erleiden.

Die Urangst – unser Urgehirn funktioniert immer noch bestens

Es gibt natürlich auch noch das Spiel mit dem Grauen, eine erweiterte Version der „Was ist für dich der schlimmste Tod, den du dir vorstellen kannst"-Frage.

Als ich noch studierte, ging ich eines Tages mit meinen Freunden im kalifornischen Hinterland spazieren. Ich ging allen voran einen engen Pfad entlang, da begannen die Blätter vor mir plötzlich zu rascheln, neigten sich auseinander und ich entdeckte ein sich geschmeidig bewegendes Etwas. Ich dachte erst einmal nicht an eines meiner Lieblingsgedichte von Emily Dickinson, „A Narrow Fellow in the Grass", das von einer Schlange handelt. Ich hielt mich auch nicht damit auf, die Wahrscheinlichkeit dafür zu berechnen, ob es sich eher um eine Ringelnatter oder um eine Klapperschlange handeln könnte. Ich begann schlicht, an meinem Freund, der gerade neben mir ging, hinaufzuklettern, als sei er ein Baum, und konnte gerade noch in lautem, lang gezogenem Ton das

Wort „Schlaaaaangeee" von mir geben. Alles, woran ich denken konnte, war, meine Füße vom Boden wegzubekommen. Das konnte man aber kaum als klaren Gedanken bezeichnen.

Seit den 1980er Jahren ist diese Form der Reaktion Gegenstand umfangreicher Studien von Neurobiologen im Zuge der Erforschung, wie das Gehirn Ängste verarbeitet und sich an sie erinnert. Bereits 1895 beschreibt Emily Dickinson dieses Phänomen in ihrem bereits erwähnten Gedicht äußerst präzise:

But never met this Fellow
Attended, or alone
Without a tighter breathing
And Zero at the Bone.

Doch traf ich nie den Burschen
Begleitet wie allein
Ohne ein Atemstocken
Und Nullpunkt im Gebein.*

Wahrscheinlich wurde der visuelle Reiz, den die Schlange auslöste, von einem kleinen Teil meines Gehirns, der Amygdala (Mandelkern) genannt wird, verarbeitet und als Impuls an mein Nebennierenmark weitergeleitet, welches daraufhin Epinephrin (Adrenalin) ausschüttete, das wiederum meine Lungen dazu brachte, mehr Sauerstoff und Norepinephrin aufzunehmen, um meine Herzfrequenz und damit die Blutzufuhr zu den Muskeln zu erhöhen. Der Zuckerspiegel im Blut stieg an, was mir einen Energieschub bescherte. Und das alles mit dem Ziel, die Füße vom Boden zu kriegen.

Diese Reaktion mag vielleicht auf bereits bestehende Kenntnisse über Schlangen beruhen, sei es aus Büchern oder aus dem Fernsehen. Es hätte aber auch meine erste Begegnung mit einer dieser Kreaturen gewesen sein können, denn es gibt viele Fakten, die die Theorie untermauern, dass es eine Art vorbereitendes Lernen gibt, was einfach bedeutet, dass das Gehirn einer Art oder Spezies sehr schnell, fast schon umgehend, lernen kann, auf einen bestimmten, wichtigen Reiz auf vorhersehbare Weise zu reagieren.

* Übersetzung von Gunhild Kübler, München 2006

In Hinsicht auf die Evolution macht es durchaus Sinn, dass wir sehr schnell lernen, Schlangen, Spinnen und große Raubtiere wie Bären zu fürchten, wo wir doch während eines Großteils unserer Vergangenheit auch als Beute für größere und im Kampf besser ausgestattete Lebewesen dienten. Wir benötigten eine sehr gute Angstreaktion, um heil aus solchen Situationen herauszukommen.

Die Begegnung mit einer Schlange ruft in vielen von uns die gleiche Urangst hervor wie bei unseren Vorfahren vor tausenden von Jahren.

Die Wissenschaft der Angst

Neurobiologen, die die Physiologie der Angst untersuchten, nehmen an, dass sich Furcht einflößende Ereignisse in sogenannte emotionale Erinnerungen umwandeln, die direkt mit dem neurochemischen und dem sensorischen Nervensystem verbunden werden, ohne jedoch vom Gehirn bewusst aufgenommen und analysiert worden zu sein. Gewisse Auslöser, die mit dem eigentlichen Ereignis in Verbindung stehen, können diese emotionalen Erinnerungen wieder wachrufen. Die Angst wird sozusagen wieder erlebt oder besser gesagt, das Angst einflößende Ereignis selbst wird wieder erlebt, ohne dass es jedoch zu einer kognitiven Verarbeitung kommt. Haben sich solche Erinnerungen an erlebte Ängste erst einmal festgesetzt, sind sie schwer wieder loszuwerden.

Wissenschaftliche Berichte (unter ihnen besonders das Buch „The Emotional Brain" („Das Netz der Gefühle. Wie Emotionen entstehen") von Joseph LeDoux von der New York University) kommen zu dem Schluss, dass der Grund für dieses Phänomen darauf zurückzuführen ist, dass wir intuitiv eine Gefahrenskala entwickeln. Manche Gefahren erscheinen uns einfach größer als andere.

Natürlich ist es für die meisten Menschen eine schrecklichere Vorstellung, von einem großen Raubtier zerfleischt zu werden, als zu Hause im Bett zu sterben (wir nennen diese Art des Sterbens „friedlich", obwohl die Wahrheit dem in den meisten Fällen wohl nicht entspricht). Evolutionsgeschichtlich gesehen ist noch längst nicht genug Zeit vergangen, dass unsere Gehirnwindungen bzw. die neurochemischen Prozesse in unserem Gehirn genügend Zeit gehabt hätten, zu realisieren, dass es mittlerweile viel größere Gefahren gibt, die uns letztlich doch im Bett sterben lassen.

Die Abendnachrichten als Reality Show

Barry Glassner, ein bekannter Professor für Soziologie an der University of Southern California, hat noch einige andere Erklärungen für übertriebene Angstgefühle. Sein Bestseller „The Culture of Fear" (Die Kultur der Angst) ist eine wunderbare Sammlung von Fällen, in denen die Medien durch groteske Fehlinformation und Fehlinterpretation die Gefahren des Alltags aufbauschten.

Das Verlangen der Medien, eine grauenhafte und vereinfachte Wirklichkeit darzustellen, verschiedene Interessensgruppen, die im Hintergrund schon die Messer wetzen, sowie die Suche nach einer Art „kulturellen Sündenbock", einem schattenhaften Bösewicht, der es uns erlaubt, uns vor der Verantwortung für die wahren Probleme unserer Gesellschaft zu drücken, sind laut Glassner einige Gründe für diese verfälschte Wahrnehmung von Gefahr. Der Fall des tödlichen Hundebisses in San Francisco im Jahr 2001 wies alle diese Aspekte auf.

Ein absolut unbedeutendes Ereignis! Film ab!

Dieser schreckliche Vorfall führte dazu, dass sich eine ganze Stadt plötzlich vor all den grausamen Hunden fürchtete, so wie ein Horrorfilm einen dazu bringt, noch Stunden später bei dem kleinsten Geräusch vor Schreck zusammenzuzucken. In der Folge wurde über jeden Vorfall, egal wie unbedeutend, sofort im Fernsehen und auf den Titelseiten berichtet, was vermutlich noch Monate später für hohe Auflagen sorgte. Unter Bezugnahme auf den tödlichen Unfall von Diane Whipple in der Woche zuvor berichtete ein Reporter des San Francisco Chronicle von einer Frau, die „wusste, dass ich nun sterben werde", als die italienische Dogge ihres Nachbarn über die Straße gelaufen kam und sie in den Arm biss.

In der nächsten Woche, am 5. Februar, berichtete der Chronicle von einem tobenden Pit Bull, der wie „ein verrückt gewordener Hund" über einen Schulhof gerannt war und dabei mehrere Kinder gezwickt hatte, bevor er von der Polizei erschossen wurde. Für die „traumatisierten" Kinder wurde eine Krisenberatungsstelle eingerichtet.

Ein paar Wochen später, am 18. März, berichtete dieselbe Zeitung über eine weitere Frau, die in den Arm gebissen worden war, während sie einen Kampf zwischen dem Pit Bull ihres Nachbarn und ihrem eigenen Akita Inu beenden wollte. Der Reporter gab zu, dass es sich bei der Verletzung lediglich um eine „oberflächliche Risswunde" gehandelt hatte, die in der örtlichen Notaufnahme routinemäßig mit einem Wunddesinfektionsmittel gesäubert und anschließend verbunden wurde. Keiner der beiden Hunde war bei dem Kampf ernsthaft verletzt worden. Ein Polizeibeamter kam vorbei, als der Kampf vorüber war. Er schoss 16 Mal auf den Pit Bull, da er geglaubt hatte, „der Hund wolle ihn angreifen". Sein Kollege schoss anschließend weitere 14 Mal auf den toten Hund.

Verrückte Zahlen – wie zwei Ereignisse plötzlich zum Trend werden

Solche Vorfälle geisterten weiter durch die Medien, bis etwa einen Monat nach dem tödlichen Unfall in San Francisco ein zehnjähriger Junge ein paar Kilometer außerhalb von Richmond von zwei oder drei freilaufenden Hunden gebissen wurde, als er mit dem Rad unterwegs gewesen war. Der Junge erlitt schwere Verletzungen, die umfassende Wiederherstellungsoperationen notwendig machten. Umgehend fand man auf den Titelseiten Schlagzeilen, die von „einer Welle von Angriffen" kündeten.

Endlich ein Fall, in den man sich verbeißen konnte

22 Monate vergingen, bevor die lokale Presse wieder über einen ähnlich schweren Vorfall berichten konnte: In einem Vorort von San Francisco wurde ein kleiner Junge von einem freilaufenden Hund angefallen und verlor dabei den Großteil eines Ohres. Das Kind verbrachte daraufhin 36 Stunden auf der Intensivstation des örtlichen Krankenhauses, seine Verletzungen waren jedoch zu keinem Zeitpunkt lebensgefährlich. Die Berichte, die die lokale Presse in den vier Tagen nach dem Unfall veröffentlichte, untermauern eine weitere Theorie Glassners, nämlich die, dass es bei solchen Geschichten weniger auf den Informationsgehalt als auf den Nervenkitzel ankommt.

Das Kind war zuerst vier, dann drei Jahre alt. Es wohnte in Fremont, dann im benachbarten Milpitas. Es ging gerade vom Park nach Hause, als es gebissen wurde, oder es wurde von seiner Tante getragen, oder von seiner Mutter. Die Tante (oder die Mutter) wurde von dem Hund „angegriffen", trug aber erstaunlicherweise keinerlei Verletzungen davon, obwohl ihr das Kind förmlich aus den Armen „gerissen" wurde. Der Hundebesitzer war zunächst ein Verwandter des Jungen, später ein Nachbar und schließlich ein verurteilter Drogendealer.

Wenn er beißt, muss es ein Pit Bull sein

Der Hund (er hieß Cain oder Kain) wurde einige Male als Pit Bull beschrieben (diese große, sehr vage Kategorie, bei der keine Einigung herrscht, welche Hunde wirklich hineingehören und welche nicht) oder aber auch als American Bull Terrier (den es nicht gibt). Es gibt zwar einen Bull Terrier, dieser ist jedoch britischen Ursprungs und vielen Menschen aus der Fernsehwerbung bekannt. Es gibt einen American Staffordshire Terrier, einen American Pit Bull Terrier, einen Staffordshire Terrier (ein kleinerer, britischer Hund), eine Bulldogge (die aussieht wie Winston Churchill) und eine amerikanische Bulldogge (Michael J. Fox verlieh der amerikanischen Bulldogge Chance in dem auf die Tränendrüse drückenden Disney Film „Zurück nach Hause – Die unglaubliche Reise" seine Stimme). Es gibt auch American Eskimo Dogs, American Foxhounds und American Cocker Spaniel. Ich denke jedoch, dass es dem Reporter wichtiger war, das Wort „Bull" unterzubringen, als das Wort „amerikanisch".

Den für mich faszinierendsten Beitrag zu dem Vorfall lieferte jedoch ein Polizist, der gar nicht vor Ort gewesen war. Nichtsdestotrotz berichtete er, fernab aller Gesetze der Geometrie und die Anatomie von Hunden völlig außer Acht lassend, dass „der Kopf des Jungen zwischen den Kiefern des Hundes gesteckt" hätte.

Steckt da nicht ein Dickhäuter in Ihren Hausschuhen?

Man kann sagen, dass aus Glassners Perspektive hier aus einer Mücke ein Elefant gemacht wurde, denn über solche Vorkommnisse wird unverhältnismäßig viel berichtet, während andere Verletzungen, die weit häufiger zum Tode führen, von den Medien weitgehend unbeachtet bleiben. An einem durchschnittlichen Tag sterben in den USA 117 Menschen bei Autounfällen. Schaut man sich jedoch die Zeitungsartikel jenes Tages an, nachdem der kleine Junge von Kain gebissen wurde, wird man lediglich fünf Autounfälle finden, die es bis in die Nachrichten geschafft hatten. Indem sich die Berichterstattung auf außergewöhnliche Ereignisse konzentriert, fördert sie irrationale Ängste, die uns dazu bringen, gefährliche Entscheidungen zu treffen. Gefährlich natürlich vor allem für die Hunde, aber nicht nur für sie.

Und noch einmal: Hunde töten so gut wie nie Menschen und sie beißen tatsächlich auch nicht sehr oft zu. Wenn sie es doch tun, wird dabei selten jemand verletzt und wenn doch jemand verletzt wird, sind die Verletzungen selten schwerwiegend. Unsere irrationalen Ängste haben – vermutlich unvermeidlich – dazu geführt, das „Hundeproblem" mit gleichermaßen irrationalen Mitteln lösen zu wollen. Bevor wir jedoch die einzelnen Problemlösungsversuche diskutieren, scheint es sinnvoll, zuerst noch einige der Gründe zu analysieren, weshalb Haushunde uns Menschen gegenüber einen so bemerkenswert niedrigen Aggressionslevel an den Tag legen.

KAPITEL IV
WARUM WERDEN MENSCHEN NICHT ÖFTER VON HUNDEN VERLETZT?

Im Grunde dreht sich alles um die Wirtschaftlichkeit. Früher ging ich gerne jeden Morgen mit meinem Hund zu einem nahegelegenen Baseball-Feld. Am Vorabend war Kinoabend gewesen. Der Typ, der das Feld in Ordnung hielt, sammelte weggeworfene Popcorntüten auf und verteilte die übrig gebliebenen Körner am Spielfeldrand für die Vögel. Als Willy und ich in Sichtweite kamen, flogen die ersten Krähen auf. Sie waren bereits alle verschwunden, als die ersten Möwen zu fressen aufhörten und uns beobachteten. Die Möwen flogen erst davon, als ich das Tor öffnete, um Willy auf das Feld zu lassen.

Die Tauben fraßen jedoch ruhig weiter, sogar als mein großer Rottweiler-Schäferhund-Mischling auf sie zuraste, nahmen noch einen letzten Happen und flogen erst auf, als er nur noch wenige Meter entfernt war. Ich bezweifle, dass sie überhaupt aufgeflogen wären, wenn ich nicht dabei gewesen wäre. Da sie weniger schreckhaft waren, bekamen die Tauben mehr Popcorn ab. Die geringere Fluchtdistanz bedeutete für sie, mehr Zeit zum Fressen zu haben.

Die Entwicklung der Domestikation: Weniger Angst = mehr Futter

Nach den neuesten Theorien belegen DNA-Analysen, dass sich der Hund vor etwa 15.000 Jahren vom Wolf abspaltete. Und, so berichtet ein Artikel im Science Magazine 2003, die Hunde von damals hatten einiges mit den Tauben von heute gemein. Die Wölfe, die zuletzt das prähistorische Baseball-Feld verlassen haben, oder besser, die ersten, die sich trauten, sich den menschlichen Siedlungen zu nähern, entwickelten sich allmählich zu Hunden. Worin lag der Vorteil? Wo immer sich Menschen versammeln, gibt es alle möglichen essbaren Reste, Abfall und Exkremente. Jene Wölfe, die am wenigsten Angst vor den Menschen hatten, konnten dieses Schlaraffenland nutzen und da es sich dabei meist um die größten Tiere handelte, mussten sie keine große Konkurrenz fürchten. Sie entwickelten sich weiter. Von nun an waren sie nicht mehr nur Raubtiere, sondern auch Aasfresser. Das heißt jedoch nicht, dass die Menschen den Wölfen, die weniger Angst vor ihnen hatten, nicht doch gefährlich werden konnten. Sie wurden es sogar ganz bestimmt; wahrscheinlich jagten sie die Urhunde davon, manchmal erschlugen sie vielleicht sogar einen, um sich eine Mahlzeit zu verschaffen. Doch alles in allem ging die Rechnung für die Tiere auf, die nicht so leicht in Angst zu versetzen waren, und sie gediehen in ihrer ökonomischen Nische.

Das Problem mit der Angst als Trainingsinstrument

Das ist einer der vielen Gründe, warum Trainingsmethoden, die den Hundehalter anweisen, seinen Hund durch Zwang und Druck zu kontrollieren, falsch sind. Ein Grund, warum es sicherer für einen Menschen ist, mit einem Hund zusammen zu sein als mit einem Wolf, ist der, dass Hunde keine Angst vor uns haben, Wölfe jedoch sehr wohl. Und jede Aktion, die dazu führt, dass Hunde Angst vor uns bekommen (und Angst ist Angst, auch wenn man sie mit dem Wort „Respekt" beschönigt) wird eher zum Beißen führen, da Raubtiere ihr Unbehagen meist mittels ihrer Zähne ausdrücken. Natürlich beißen Hunde Menschen. Das Erstaunliche ist, dass sie es nicht viel öfter und fester tun.

Auch Waschbären sind Schmarotzer

Hunde sind natürlich nicht die einzigen Säugetiere, die eine symbiotische Beziehung zum Menschen eingegangen sind. In der Stadt, in der ich zur Zeit lebe, kommt die Nahrungsquelle der einstigen Urhunde nun den Waschbären zugute. Ich höre oder sehe sie so oft in meinem oder dem Nachbarsgarten und lasse meine Hunde in der Nacht nicht aus dem Haus, ohne vorher Ausschau nach den maskierten Banditen gehalten zu haben. Sie haben so wenig Angst vor mir, dass ich einiges anstellen muss, um sie zu vertreiben. Es scheint so, als

Waschbären sind – wie Hunde – eine symbiotische Beziehung zum Menschen eingegangen

ob sie kein helles Licht mögen würden, denn wenn ich ihnen mit der Taschenlampe in die Augen leuchte, trotten sie gemächlich davon. Mir ist aufgefallen, dass sie normalerweise davonlaufen, wenn ich ihnen zu nahe komme, aber manchmal bleiben sie auch stehen und drohen. Ich nehme an, das bedeutet, dass ich ein Raubtier für sie bin, nur eben kein wirklich Angst einflößendes. Ich weiß nicht, wie sie reagieren würden, wenn ich ihnen zu nahe kommen würde, und ich bin auch nicht besonders erpicht darauf, es herauszufinden – deshalb die Taschenlampentechnik. Ich habe ganz sicher kein Bedürfnis, einen von ihnen zu streicheln, und noch ist keiner jemals in einer Weise auf mich zu gekommen, die auch nur im Entferntesten wie „Hey, Du! Freunde?" auf mich gewirkt hat.

Es gibt nur drei Möglichkeiten, wie sich Tiere über die Grenzen ihrer Art hinweg wahrnehmen: Du bist mein Mittagessen; ich bin dein Mittagessen, wenn ich nicht vorsichtig bin; oder keine der vorgenannten Möglichkeiten trifft zu, also du bist uninteressant. Aus Waschbären-Sicht bewege ich mich wahrscheinlich zwischen den beiden letztgenannten Möglichkeiten.

Der große Sprung vom Abfallfresser zum Gefährten

Noch ungewöhnlicher war der nächste Schritt der Hunde im Laufe ihrer Evolution. Sie begannen, mit den Menschen Kontakt aufzunehmen, und haben uns, ihren menschlichen Gefährten, sicher unbeabsichtigt große Vorteile verschafft. Am erstaunlichsten an unserer Beziehung zu Hunden ist wohl die völlig einzigartige Intimität und Toleranz, die sie symbolisiert.

Es gibt ganz einfach keine einzige vergleichbare Beziehung zwischen zwei so unterschiedlichen Arten. Hunde verbünden sich mit uns, erwarten jedoch nicht, dass wir unser Verhalten den engen Grenzen anpassen, das zum Beispiel unter ihren nächsten Verwandten, den Wölfen, als akzeptables Betragen gilt. Wir müssen uns nicht wie Hunde verhalten, damit unsere Hunde uns tolerieren und die Interaktion mit uns sogar genießen und aktiv suchen. Sie hingegen passen jene Verhaltensmuster, die dafür sorgen, dass unter ihresgleichen Friede und Verständnis herrschen, an die Beziehung mit uns Menschen an.

Mach' das nicht mit einem zahmen Wolf

Eine der interessantesten Fragen ist für mich folgende: Wie kam es dazu, dass Hunde ein Verhalten von Menschen tolerieren oder sogar dazu auffordern, dass unter Wölfen eine rasche und harte Bestrafung zur Folge hätte? Der Biologe Ray Coppinger berichtet in seinem Buch „Hunde", wie er auf die Anweisung seines Freundes Dr. Klinghammer „die Wölfe einfach wie Hunde zu behandeln", einen von ihnen kräftig tätschelte. Der Wolf war in Gefangenschaft geboren und mit der Hand aufgezogen worden; er hatte täglichen Kontakt zu Menschen.

Doch als Coppinger ihn wie einen Hund auf die Seite klopfte, wurde er sofort von mehreren Tieren angegriffen und der anwesende Verhaltensforscher konnte ihm nur noch zurufen „Raus da, raus da oder sie werden Dich töten!". Coppinger lernte, dass man sich, um wenigstens für ein Minimum an Sicherheit im Umgang mit „zahmen" Wölfen zu sorgen, in ihre Welt begeben und ihre Körpersprache und Verhaltensregeln untereinander genau beobachten und imitieren musste.

Natürlich gibt es auch Handlungen, die unter Hunden als Bedrohung angesehen werden und die manche Hunde ebenfalls als Bedrohung erfahren, wenn Menschen sie vollziehen. Viele Hunde mögen beispielsweise keinen längeren Augenkontakt. Ein solcher Augenkontakt beschwört meist einen Streit zwischen Hunden herauf oder geht ihm zumindest voraus.

Noch mehr Hunde mögen es nicht, wenn man sich ihnen nähert, während sie mit für sie wichtigen Ressourcen beschäftigt sind, zum Beispiel wenn sie einen herrlichen Fleischknochen im Maul haben. Und noch weniger mögen sie es, wenn ihnen diese Dinge dann auch tatsächlich weggenommen werden. Im Gegensatz zu Wölfen kann man Hunden allerdings fast immer beibringen, dass sie bei solch einem Verhalten von Menschen keine Angst zu haben brauchen und nicht defensiv reagieren müssen. Es ist jedoch erstaunlich, dass viele Hunde solche Situationen auch ohne vorheriges Training mit Fassung tragen.

Hunde erschaffen – das Silberfuchs-Experiment

Wie war es dazu gekommen? Vielleicht lässt sich die bis heute beste Hypothese anhand eines Blicks auf die berühmten Experimente mit Füchsen des russischen Genetikers Dmitri Balyaev erläutern. Balyaev und seine Kollegen, die die Arbeit nach seinem Tod weiterführten, haben 40 Jahre lang sibirische Silberfüchse selektiv nach Zahmheit gezüchtet und dabei eine Spezies erschaffen, die einem sehr freundlichen Hund ähnelt. Diese Fuchshunde kommen eifrig auf Menschen zu, schmusen und lecken ihnen über das Gesicht, während sie untereinander um die Aufmerksamkeit der Menschen buhlen. Mit anderen Worten: Sie verhalten sich wie Welpen und zeigen das, was wir bei Hunden „aktive Unterwerfung" nennen. Übrigens sehen diese Fuchshunde Border Collies sehr ähnlich.

Das Verhalten wurde dadurch erreicht, dass bei der Zucht ausschließlich nach der so genannten „Zahmheit" der Tiere selektiert wurde. Das Forscherteam bestimmte, quantifizierte und testete in Bezug auf Zähmbarkeit (indem auf festgelegte Weise zu bestimmten Zeiten mit den Welpen umgegangen wurde und man ihre Reaktionen aufzeichnete) und ließen nur diejenigen zur Zucht zu, die die höchsten Punktzahlen erzielten. Das heißt, sie begannen ihre Zucht zuerst mit den fügsamsten Füchsen und als sie genügend solcher Füchse hatten, um eine Auswahl treffen zu können, begannen sie, diejenigen auszusuchen, die am aktivsten und freundlichsten auf die Menschen zugingen.

Wie Angst entsteht

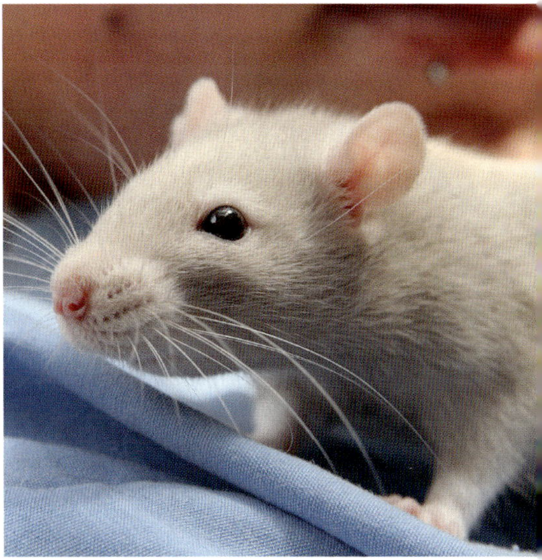

Versuche mit Ratten und Füchsen haben gezeigt, dass die Angst vor dem Menschen durch Zuchtauslese beeinflusst werden kann.

Eine der wichtigsten Entdeckungen, die wir dieser genetischen Manipulation verdanken, ist, dass sich durch die Veränderung des sozialen Verhaltens der Füchse gegenüber den Menschen auch ihre neurochemischen Abläufe dramatisch änderten. Zunächst einmal setzte die Angstreaktion bei den ausgewählten Welpen deutlich später ein. Das ist der Moment in der Entwicklung aller Säugetiere, an dem sie beginnen, neue Dinge zu meiden.

Die Angst vor dem Unbekannten steht meist im Konflikt mit der Neugierde. Die gleichen Wissenschaftler führten auch eine Parallelstudie an norwegischen Ratten durch, die ebenfalls in Bezug auf Zahmheit selektiert wurden. Dabei fand sich eine interessante Parallele. Nach 42 Generationen waren die Ratten, wie die Füchse, den Menschen gegenüber sehr freundlich. In den Feldstudien zeigten diese Ratten im Gegensatz zu ihren eher aggressiven Artgenossen auch eine größere Bereitschaft, ihre Umwelt aktiv zu erkunden. Ein weiterer Beweis für eine heraufgesetzte Angstschwelle.

Die Reaktion auf etwas völlig Neues

Die Angst vor Neuem wird auch Neophobie genannt und ist aus offensichtlichen Gründen eine sehr nützliche Angelegenheit. Diese Angst ist es nämlich, die den wild lebenden erwachsenen Fuchs davon abhält, auf den nächstbesten Bären zuzulaufen, um ihn fröhlich zu beschnuppern. Die Neophobie ist entwicklungsbedingt: Erwachsene haben sie, Neugeborene und oftmals auch Jugendliche besitzen sie nicht. Das heißt natürlich nicht, dass man Welpen keine Angst machen kann; sie lernen zum Beispiel schnell, sich vor Dingen zu fürchten, die ihnen Schmerzen bereiten. Doch ihre spontane Reaktion auf alles Neue ist die Annäherung, nicht das Meiden.

Da für neugeborene Lebewesen wirklich alles neu ist, würde sie die Angst vor Neuem in einen permanenten Zustand von Stress und Flucht versetzen, was dem Körper extrem zusetzen würde. Normalerweise leben Neugeborene in der geschützten Umgebung ihres Familienverbandes und die Dinge, denen sie ausgesetzt werden, sollen für den Rest ihres Lebens als normal und sicher empfunden werden. Erwachsene hingegen überleben meist länger, wenn sie unbekannten Dingen mit einer gewissen Vorsicht oder sogar mit Argwohn gegenübertreten.

Die Chemie der Angst

Die chemischen Stoffe, die Angst auslösen und sie aufrechterhalten, werden Kortikoide genannt. Das Einsetzen der Produktion dieser chemischen Stoffe fand bei den nach Zahmheit selektierten Füchsen im Durchschnitt drei Wochen später statt. Das verspätete Auftreten der Neophobie ließ den zahmen Fuchswelpen mehr Zeit, sich an mehr Dinge zu gewöhnen (darunter auch Menschen), sodass diese nicht mehr neu waren, als die typische Angst der Erwachsenen vor Unbekanntem eintrat.

Welpen von Haushunden erleben eine ähnlich erweiterte Sozialisierungsphase, die ihren Besitzern die wunderbare (und einmalige) Chance gibt, sie an alle möglichen Menschen und Situationen zu gewöhnen. Das Ergebnis einer umfassenden Sozialisierung ist ein erwachsener Hund, der „schon alles gesehen“ hat und allem, was er als Welpe erlebt und als gutartig eingestuft hat, positiv gegenübersteht: dem Postboten und dem Tierarzt, Frauen mit großen Hüten und Teenagern auf Skateboards, Besen und Müllwagen, Kleinkindern und alten Menschen mit Krücken.

Verschiedene Studien nennen unterschiedliche Zeitpunkte, zu denen die Sozialisierung abgeschlossen sein sollte, es sind sich jedoch alle darüber einig, dass die Sozialisierung eines erwachsenen Hundes gegenüber Unbekanntem bestenfalls eine Hilfsmaßnahme sein kann.

Es muss wohl nicht extra betont werden, dass ein erwachsener Hund vor allem fliehen wird, was er als Welpe nicht kennen gelernt hat. Und da Flucht nicht immer möglich ist, entlädt sich seine Furcht vor zum Beispiel unbekannten Personen in Knurren, Zähnefletschen und Abschnappen.

Hunde sollten schon im Welpenalter behutsam mit den Umweltreizen konfrontiert werden, denen sie auch als erwachsener Hund ausgesetzt sein werden.

Die erweiterte Sozialisierungsphase an sich mag schon Erklärung genug sein für das zahme Verhalten der kleinen sibirischen Füchse, doch die Genetiker wollten sicher gehen, dass alle Unterschiede, die sich fanden, tatsächlich vererbt und nicht durch die Umwelt oder das Lernverhalten beeinflusst worden waren. Sie achteten also sehr genau darauf, den Kontakt der jungen Füchse zu Menschen in der Phase, in der sie für Eindrücke besonders empfänglich waren, möglichst gering zu halten. Trotzdem waren die Füchse den Menschen gegenüber sehr aufgeschlossen.

Ihr freundliches Verhalten kann auch mit zwei weiteren Veränderungen der Gehirnchemie zusammenhängen, die die zahmen Füchse gegenüber ihren halb wilden, in Gefangenschaft lebenden Verwandten aufweisen. Obwohl die zahmen Füchse ebenfalls ein Angstverhalten entwickelten und ihr Kortikoid-Spiegel allmählich anstieg, lag dessen Niveau in den Gehirnen der erwachsenen Tiere um 75% niedriger als der von frei lebenden Füchsen. Sie besaßen also einfach nicht die Veranlagung, sich schnell zu fürchten.

Die Chemie des Vertrauens

Zudem war die Serotonin-Produktion der zahmen Füchse deutlich gesteigert. Sie wiesen höhere Werte von Serotonin, eines wichtigen Stoffwechselproduktes (5-Hydroxyindolessigsäure) sowie jenes Enzyms auf, das wesentlich an der Produktion von Serotonin beteiligt ist (Tryptophan Hydroxylase). Die Werte des Enzyms Monoaminoxidase, das den Abbau von Serotonin bewirkt, waren dagegen niedriger.

Das ist von Bedeutung, weil vor allem das Serotonin bei allen Tieren (auch bei den Menschen) für innere Ruhe und Ausgeglichenheit sorgt. Niedrige Serotonin-Werte können alle möglichen seelischen Beschwerden auslösen, von Angst über Depressionen bis hin zu Wut. Und sie werden bei einer Reihe von Lebewesen, von Forellen über Hamster, von Pferden bis hin zu Menschen, mit aggressivem Verhalten in Zusammenhang gebracht. (Auch wenn noch einige Kontroversen bestehen, ob dieser Effekt nicht einer verringerten Impulskontrolle oder einer gesteigerten Feindseligkeit zuzuschreiben ist.) Es ist absolut möglich, dass die Genetiker durch die bewusste Auswahl von Tieren, die Menschen gegenüber freundliches Verhalten an den Tag legen, das ultimative „Don't worry, be happy"-Tier erschaffen haben.

Abgesehen davon sind diese Forschungsergebnisse einer der vielen Gründe, weshalb über den Einsatz von Psychopharmaka (welche den Serotonin-Wert auf unterschiedliche Weise erhöhen) bei Hunden nachgedacht wird. Ein solcher neurochemischer Eingriff kann die Verhaltenstherapie bei Hunden unterstützen, die in ihrem bisherigen Leben auf alltägliche Begegnungen mit Menschen in der Regel mit Aggression oder Flucht reagierten.

Es wird natürlich Stimmen geben, die einwenden werden, dass die Experimente der russischen Forscher keinen wirklichen Aufschluss darüber geben, wie natürliche Selektion vonstatten geht, da es sich hier um eine künstliche Auswahl durch den Menschen handelt. Das ist Unsinn. Die Selektion ist nicht dadurch künstlich, dass ihr menschliche Absichten zugrunde liegen. Eingriffe durch den Menschen sind nur eine weitere Quelle für den Selektionsdruck, wie ein kaltes Klima, das dazu führt, dass Tiere abwandern oder ein dichteres Fell entwickeln. Die Idee einer „künstlichen" Auswahl entstammt dem enormen Trugschluss, dass wir Menschen außerhalb der natürlichen Ordnung stehen, nur weil wir uns ihrer bewusst sind. Selektion ist Selektion. Mein Haus gibt mir nicht mehr Obdach, nur weil ich weiß, dass es existiert.

Wie selbstbewusste Wölfe im Show-Ring landeten

Es ist sehr wahrscheinlich, dass etwas Ähnliches wie bei den zahmen Füchsen auch in der frühen Phase der Domestizierung der Hunde geschah. Der Wettbewerb untereinander machte eine immer größere Nähe zu den Menschen notwendig und jene Tiere, die diese Nähe akzeptierten, hatten eine höhere Angstschwelle. Im Laufe vieler Generationen (sicherlich mehr als bei dem russischen Experiment) kam es zu einem allmählichen Heraufsetzen der Angstschwelle. Die Veränderung der chemischen Abläufe im Gehirn offenbart sich in Verhaltensweisen wie Schwanzwedeln, Winseln, Lecken und Ähnlichem, was wir Menschen als freundlich wahrnehmen und oft als niedlich empfinden. Die wenigen Tiere, die diese Verhaltensweisen an den Tag legten, mussten ihr Futter nun nicht mehr durch mutiges Vorpreschen und schnellen Rückzug ergattern, sondern hatten tatsächlich die Chance, hin und wieder einen Leckerbissen zugeworfen zu bekommen.

Als es dann schließlich zu viele zutrauliche Welpen gab und sie deshalb nichts Besonderes mehr waren, fanden die Menschen andere Wege, um ihre Favoriten auszuwählen. Es war vielleicht der Welpe, der zuerst bellte, wenn ein Fremder in die Nähe des Dorfes kam, oder der mit dem wuscheligen Fell oder mit der weißen Maske. Und schon sind wir unwiderruflich auf dem Weg zum American Kennel Club oder zur Westminster Dog Show.

Nach Tausenden von Jahren, in denen wahrscheinlich einfach subjektive Favoriten ausgewählt und weitergezüchtet worden waren, folgte ein Selektionsprozess, der spezifische Züchtungen möglich machte, und in dessen Verlauf ein Großteil der durch die damaligen hormonellen Veränderungen ausgelösten Charakterveränderungen bewahrt blieb. Im Moment wird jedoch nicht nach diesen Kriterien gezüchtet, mit der Ausnahme, dass einige wenige überdurchschnittlich aggressive Tiere nicht zur Zucht verwendet werden. Manchmal werden Hunde natürlich auch wegen ihres aggressiven Verhaltens eingeschläfert, öfter kommt es jedoch vor, dass ein Hund eingeschläfert wird, weil er den menschlichen Vorstellungen auf irgendeine Weise nicht entspricht, zum Beispiel, wenn er das Pech hat, zu Menschen zu kommen, die nicht wissen, wie sie ihn stubenrein bekommen.

Eine Ausnahme ist wohl der Pit Bull Terrier, der bis vor kurzem geradezu methodisch so gezüchtet wurde, dass er Menschen gegenüber ein außergewöhnlich niedriges Aggressionspotenzial an den Tag legt. Diese Hunde mussten selbst in der Aufregung eines Kampfes im Ring noch leicht zu handhaben sein. Versuchen Sie einmal, Ihrem gutmütigen Retriever ein Eichhörnchen wegzunehmen, das er gerade gefangen hat, oder ihn von einem anderen Hund zu trennen, mit dem er gerade rauft; sie werden hinterher womöglich ein Pflaster benötigen und diese Vorgehensweise danach besser verstehen.

Es ist jedoch offensichtlich, dass die fortschreitende Zahmheit der Tiere, die durch die natürliche Selektion gefördert wurde, in dem Moment unberechenbar wurde, als der Mensch begann, Hunde systematisch nach anderen Gesichtspunkten, wie zum Beispiel nach dem Aussehen oder in Bezug auf bestimmte

Charaktereigenschaften, zu züchten. Ein Grund dafür ist, dass unser Wissen über die Genetik und darüber, welche Eigenschaften genetisch mit anderen Eigenschaften gekoppelt sind, noch sehr rudimentär ist.

Das Problem mit den Schönheits-Wettbewerben

Kleine, mehrfarbige Hunde mit niedlichen Gesichtern werden mit Freundlichkeit und Ungefährlichkeit assoziiert.

Die von Balyaev gezüchteten Silberfüchse sind ein gutes Beispiel. Die einzige Eigenschaft, die bei ihrer Züchtung eine Rolle spielte, war ihre Umgänglichkeit (später noch erweitert auf eine aktive Anbindung an den Menschen). Es kam jedoch auch zu physischen Veränderungen. Die zahmen Füchse hatten zum Beispiel ein geschecktes Fell (große weiße Flecken statt eines durchgehend schwarzen Felles) und Kippohren, wie die von Welpen, statt Stehohren, wie es ursprünglich bei den erwachsenen Füchsen der Fall war. Um mehr Unterstützung zu erhalten, war ursprünglich angegeben worden, dass die Experimente auch durchgeführt wurden, um umgänglichere und damit einfacher zu haltende Füchse für die Fellproduktion zu züchten. Hätten die Forscher jedoch darauf bestanden, das durchgehend schwarze Fell zu erhalten, hätten sie bei der Zucht von immer zahmeren Füchsen weniger rasch Ergebnisse erzielt.

Heute haben Menschen, die sich der Hundezucht verschreiben, eine unüberschaubare Vielzahl von Wesenszügen im Kopf. Die, die ihre unkastrierten Hunde frei herumlaufen lassen, so dass sie sich nach dem Zufallsprinzip paaren können, haben hingegen möglicherweise überhaupt nichts im Kopf. Am häufigsten werden Welpen jedoch beim Züchter gekauft, der Hunde mit Stammbaum züchtet. Hunde mit Stammbaum werden überwiegend auf ihr Aussehen hin gezüchtet, das Bewertungskriterium ist der Erfolg bei diversen Hundeschauen. Ein großer Prozentsatz der Züchtungen hat also das gute Aussehen der Hunde zum Ziel. Niedliches Gesicht, gleichmäßige Gestalt und Farbe des Felles sind wichtige Faktoren bei der Zuchtentscheidung von Schauhunden, ganz gleich wie sehr diese Qualitäten im Auge des Betrachters liegen.

Für die Züchter sind die Auswirkungen, die physische Veränderungen wie zum Beispiel die Anzahl und Verteilung der Punkte bei einem Dalmatiner, die Länge und der Seidenglanz der Haare bei einem Afghanen oder die Größe des Kopfes bei einer Bulldogge auf das Verhalten der Tiere haben, nur von zweitrangiger Bedeutung. Es unterliegt purem Zufall, ob die physischen Veränderungen gleichzeitig wünschenswerte Auswirkungen auf das Verhalten mit sich bringen oder nicht.

Viele Züchter behaupten natürlich, dass sie Hunde „nach Veranlagung" züchten. Ich habe jedoch noch keinen getroffen, der es ablehnte, mit einem wirklich erfolgreichen Schauhund (oder sogar mit einem, von dem der Züchter nur dachte, er könne ihm bei zukünftigen Schauen Ruhm bringen) zu züchten, weil dieser ein aggressives Verhalten an den Tag legte – es sei denn, der Hund wäre unkontrollierbar und durch Training nicht mal mehr dazu zu bringen, den Wertungsrichter nicht zu beißen.

Vergiss die Fairness

Dennoch werden Hunde, die tatsächlich einen Menschen verletzen, in den meisten Kreisen routinemäßig aussortiert. Der allgemeine Trend der letzten Tausend Jahre hat sich also fortgesetzt und es werden die Tiere bevorzugt, die nicht ernstlich aggressiv sind. Natürlich gibt es Ausnahmen.

Es ist gerade modern, gewisse soziale Gruppen zu beschuldigen, gefährliche Hunde zu züchten. Ich frage mich jedoch, ob das wirklich alles der Wahrheit entspricht. Wie schon erwähnt, ist es sehr unwahrscheinlich, dass Hunde, die systematisch für den Einsatz bei Hundekämpfen gezüchtet wurden, eine Gefahr für den Menschen darstellen. Die Eigenschaften, nach denen Kampfhunde zur Zucht ausgewählt werden, stehen wahrscheinlich in keinerlei Zusammenhang mit denjenigen, die das allgemeine Aggressionsverhalten dem Menschen gegenüber erhöhen. Um Hunde zu züchten, die in langen und manchmal auch tödlichen Kämpfen mit anderen Hunden ihr Bestes geben, muss man zunächst solche Hunde zur Zucht auswählen, die über eine hohe Schmerzschwelle verfügen. Diese Eigenschaft macht es zwar schwieriger, den Hund durch die Androhung von Schmerz, oder besser gesagt, durch das vermeiden von Schmerz, zu trainieren, sie erhöht aber nicht die Wahrscheinlichkeit, dass dieser Hund einen Menschen beißt.

Außerdem muss die artspezifische Tendenz weggezüchtet werden, den Kampf zu beenden, sobald das andere Tier eines der vielen Signale der Unterwerfung zeigt, die Wölfen und Hunden zu eigen sind. Die Reaktion auf solche Signale war bereits lange vor Beginn jeglicher Domestikation in den Caniden angelegt. In einer Gruppe kampferprobter, aber sozialer Lebewesen ist es unerlässlich, Auseinandersetzungen beizulegen, ohne die Anzahl der Rudelmitglieder zu dezimieren oder diese auch nur ernsthaft zu verletzen. Das ist auch der Grund, warum Reibereien unter Hunden, besonders solche, an denen nur zwei Tiere beteiligt sind, meist sehr schnell vorbei sind.

Es ist sehr unwahrscheinlich, dass ein Mensch, der von einem Hund gebissen oder auch nur bedroht wird, während des Angriffs „einfriert", sich auf den Rücken rollt und die Weichteile entblößt oder sich über die Lippen leckt und den Kopf zu Seite dreht. Die relative Unfähigkeit von so genannten Kampfhundrassen, diese Signale zu erkennen, hat also keine Auswirkungen auf ihre Beziehung zu Menschen. Die genetische Wurzel der Fähigkeit, diese grundlegenden sozialen Signale zu erkennen, sitzt so tief, dass sie sowieso irgendwann wieder an die Oberfläche gelangt. Um sie gänzlich auszuschalten, muss die Züchtung konsequent und peinlich genau durchgeführt werden. Wie weit verbreitet die Durchführung von Hundekämpfen auch sein mag, die systematische Zucht für diesen Zweck kann nicht der Grund für die offensichtlich hohe Population der so genannten Kampfhundrassen sein.

Mr. Universum, nicht Mike Tyson

Viele dieser Hunde werden, wie Showhunde auch, in Hinblick auf ihr Äußeres gezüchtet; es geht hier jedoch um äußerliche Eigenschaften, die viele Menschen abschreckend empfinden wie zum Beispiel die Größe, eine stark ausgeprägte Muskulatur, ein kurzer Rücken, eine breite Brust und ein großer Kopf mit relativ kurzer Schnauze, die den Fang größer erscheinen lässt. Für mich sieht es so aus, als würden diese Hunde lächeln, aber viele Menschen sehen das wohl anders. Wir suchen unsere Hunde, genau wie unsere Partner, nach dem Aussehen aus – schöne Gestalt, Niedlichkeit und Fellfarbe.

Jagdexperten

Das war jedoch nicht immer so. Viele Hunderassen wurden ursprünglich gezüchtet, weil sie Eigenschaften besaßen, die sie zu nützlichen Arbeitstieren machten. Hunde etwa, die einen Jagdtrieb entwickelt haben, der sie jagen lässt, ohne die Beute zu töten, wie zum Beispiel Hütehunde oder Retriever. Dadurch entstanden Hunde wie die Golden Retriever Hündin Tracy, die ich als Kind sehr geliebt habe.

Für die meisten Menschen ist es schwerer, maskulin wirkende, dunkle Hunde einzuschätzen als kleine, helle mit kindlichem Gesichtsausdruck.

Sie verbrachte Stunden damit, herauszufinden, wie die Tür des Wellensittichkäfigs aufgeht, nur um dann stolz mit dem Vogel im Maul zu meiner Großmutter zu trotten und ihn völlig unverletzt in ihre Hände zu legen. Tracy hatte vorher nicht eine einzige Stunde Apportiertraining absolviert.

Diese Form der Selektion einer einzelnen Eigenschaft erklärt, weshalb ich genau aufpassen musste, als meine Schüler, die ich zu einem Picknick eingeladen hatte, begannen, ein Frisbee in den See zu werfen. Oliver, mein freundlicher, 55 Kilogramm schwerer Neufundländer-Golden Retriever-Mischling wäre immer wieder hinausgeschwommen, um das Frisbee zu holen, auch wenn er schon keuchend aus dem Wasser taumelte und vor Erschöpfung dem Ertrinken nahe war. Es erklärt auch, warum die Cattle Dog-Hündin meiner Eltern im Garten beim Hüten des Maulbeerbaums einen kreisförmigen Pfad ausgetreten hatte.

Erwünschte Neophobie

Wesentlich bedrohlicher sind jene Rassen, die gezüchtet wurden, um eine Herde oder auch Menschen vor Eindringlingen zu schützen. Die Zuchtstandards für diese Hunde, die hauptsächlich zu den Herdenschutzhunden und Schutzhunden gehören, enthalten meist Euphemismen wie „zurückhaltend" oder „extrem loyal gegenüber ihrem Besitzer", mit denen das Verhalten der Rasse gegenüber Menschen beschrieben wird. Entschlüsselt man diese Beschreibungen, wird klar, dass hier jene Hunde für die Zucht ausgewählt werden, die eine ausgeprägte Neophobie aufweisen und allem Unbekannten nach dem Motto „zuerst beißen, dann fragen" begegnen. Diese Eigenschaft ist, wie inzwischen klar sein sollte, das genaue Gegenteil dessen, was einen freundlichen und in die menschliche Gemeinschaft integrierten Familienhund ausmacht. Es ist geradezu pervers, dass Menschen oftmals genau diese völlig gegensätzlichen und einmaligen Eigenschaften in dem gleichen Tier erwarten.

Weiße Hüte, schwarze Hüte – den Hunden ist's egal

Die Idealvorstellung ist ein Hund, der die Bösen erkennt und angreift, allen wohlgesinnten Menschen jedoch fügsam und liebevoll begegnet. Und so nennen Menschen oft „Schutz" als Grund für die Anschaffung eines Familienhundes. Damit müssen wir aufhören. Argwohn gegenüber unbekannten Personen ist eine allgemeine Eigenschaft und keine spezifische. Ein Hund, der einen Einbrecher beißen wird, wird auch eher die zu Besuch kommende Großtante Susi beißen, wenn sie auf ihren Stock gestützt zur Tür hereinschlurft.

Es ist zwar möglich, einen Hund so zu trainieren, dass er auf Befehl oder auf ein bestimmtes Verhalten hin jemanden angreift; dieses Training ist jedoch extrem schwierig. Es erfordert eine sehr ausgefeilte, dadurch aber auch fehleranfällige Trainingsmethode: die Reizkontrolle. Reizkontrolle bedeutet, dass das Tier die gelernte Reaktion niemals ohne den auslösenden Reiz zeigt. Diese Methode ist jedoch in keinster Weise sicher.

Kaukasischer Owtscharka

Da der Mythos vom Beschützer noch immer aktuell ist, gibt es Menschen, die einen Rummel um verschiedene Hunderassen machen, wie zum Beispiel den Kaukasischen Owtscharka, einen riesigen, flauschigen Herdenschutzhund russischer Herkunft, der aussieht wie ein Teddybär.

Eine Website, die sich für diese Rasse stark macht, gibt begeistert bekannt, dass der bis zu 90 Kilogramm schwere Hund „die Antwort auf die Kriminalität in Amerika" sei, mahnt aber gleichzeitig zur Vorsicht, da der Hund auch „aggressiv auf einen unangemeldeten Besucher oder auf den Mann vom Paketdienst mit dem merkwürdigen Päckchen, das der Familie schaden könnte, reagiert". Der Schreiber führt das Loblied auf den Owtscharka folgendermaßen fort: „Er ist unübertroffen, was den sicheren Schutz von Heim und Familie betrifft".

So lange es akzeptiert wird, dass Hunde als „territorial und misstrauisch gegenüber Fremden" angepriesen und Familienhunde gezüchtet werden, die „ihre Herde, ihre Familie und deren Eigentum vor wirklichen oder vermeintlichen Gefahren schützen ohne zu zögern", solange wird es auch Hunde mit einem echten Aggressionspotenzial geben. Die tiefliegende Ambivalenz in Bezug darauf, was wir von unseren Hunden wirklich erwarten, ist die Wurzel unserer Probleme in Bezug auf das aggressive Verhalten von Hunden gegenüber Menschen.

KAPITEL V
DER VOGEL UND DER HUND – ODER: WAS IST AGGRESSION ÜBERHAUPT?

Fast jeden Morgen werde ich durch ein dumpfes Grollen, gefolgt von einem lauten Klacken, geweckt. Wenn ich mich zum Kissen neben mir umdrehe, werde ich vom Anblick meiner braunen Dobermannhündin Ruby begrüßt – mit zurückgezogenen Lefzen, was ihre leuchtendweißen, spitzen Zähne zur Geltung bringt. Sie hält ihre Schnauze auf mich gerichtet und lässt die Kiefer zuschnappen. Was sollen wir daraus schließen?

Der traumatisierte Retriever

Vielleicht können Sie sich noch an Chipper, den Wellensittich aus dem vorigen Kapitel erinnern, der von Tracy, jener wunderbaren Golden Retriever Hündin, meinem ersten Hund, zu meiner Großmutter gebracht wurde. Was ich im vorigen Kapitel nicht erwähnte war: Meine Großmutter schlug Tracy auf den Kopf, und zwar so fest, dass Tracys Kiefer zusammenklappten, was Chipper die Schwanzfedern brach. Diese einmalige Strafaktion hatte die arme Tracy so geprägt, dass sie nie wieder versuchte, irgendetwas zu apportieren. Sie knurrte jedoch, als ich ihr einmal zu nahe kam, während sie gerade mit ihrem Frühstück beschäftigt war. Als ich mich daraufhin unter Tränen bei meiner Mutter über diesen furchtbaren Verrat beschwerte, erwiderte diese manchmal durchaus sensible Frau lediglich barsch: „Was ist los mit Dir? Warum störst Du den Hund beim Fressen?".

Genau genommen war Tracy nicht mein erster Hund. Kurz bevor ich Chipper bekam, hatte die Sheltie-Mischlingshündin meiner Nachbarn einen ungeplanten Wurf und besagte Nachbarn schenkten mir einen der Welpen – gut gemeint, aber unüberlegt – zu Weihnachten. Mein kleiner Bruder konnte zu dieser Zeit noch nicht richtig laufen und der Welpe sprang ihn immer wieder an und warf ihn um, wenn er wieder einmal unsicher im Hinterhof saß, sehr zum Missfallen meiner Mutter. Der Welpe wurde daraufhin ins Tierheim gebracht und das daraus resultierende Trauma war für mich der erste Schritt zu meinem Beruf als Hundetrainerin, was meine Mutter ein Leben lang an diesen Vorfall erinnerte.

Wellensittiche schließen sich dem Menschen relativ leicht an.

Chippers Geschichte

Aber kommen wir wieder auf Chipper zurück, der, abgesehen vom unglücklichen Welpen Tippy, das Pech hatte, mein erstes Haustier zu sein. Als ich ihn bekam, war ich ganz versessen darauf, ihm beizubringen, auf meiner Hand zu landen. Doch als ich ihn zum ersten Mal dazu brachte, pickte er mich sofort überraschend heftig und schmerzhaft in den Finger. Mit der fehlenden Impulskontrolle einer Siebenjährigen reagierte ich auf den plötzlichen Schmerz, indem ich meinen Finger schüttelte, so fest ich konnte, um den Vogel loszuwerden. Die dadurch entstandene Zentrifugalkraft zeigte Wirkung und schleuderte Chipper zusammen mit einem Stückchen Fleisch meines Fingers zu meinem Entsetzen in das Waschbecken mit heißem Abwaschwasser. Erstaunlicherweise lernte er, nachdem seine Federn nachgewachsen waren, doch noch, sich auf meiner Hand oder Schulter durchs Zimmer tragen zu lassen.

Dieses waren jedoch nicht die einzigen schrecklichen Erlebnisse in seinem Leben. Einige Jahre später kam ich eines Tages von der Schule heim und fand meinen kleinen Bruder und einige seiner Kindergartenfreunde im Vorgarten unter dem Zwetschgenbaum versammelt.

„Vogel will nicht fliegen" beschwerte er sich bei mir, als ich sah, dass Chipper, der tatsächlich erfolglos am Boden herumhüpfte, das Objekt ihres Interesses war.

Die kleinen Buben hatten den Vogel untersucht, um hinter das Geheimnis des Fliegens zu kommen. Dabei hatten sie Chipper beide Flügel ausgerenkt. Nicht lange, nachdem die Schienen entfernt worden waren, nutzte er die Gelegenheit und flog durch eine achtlos offen gelassene Tür davon. Wer mag es ihm verübeln?

Alltägliche Konflikte, Bedrohungen und Gewalt

Ich erzähle Ihnen diese düsteren und teilweise brutalen Geschichten, da ich der Meinung bin, dass wir zuerst klären sollten, was wir allgemein unter Aggression verstehen, bevor wir uns genauer mit dem Phänomen von beißenden Hunden beschäftigen. Mit dem Wort Aggression in Bezug auf gefährliche Hunde wird in der juristischen wie auch in der Populärliteratur in einem Ausmaß wahllos umgegangen, dass es häufig durch „bösartig" ersetzt werden könnte – ein Wort, das Verdorbenheit und Arglist impliziert, was einfach absurd anmutet, wenn es im Zusammenhang mit Hunden verwendet wird. Wir haben keinerlei Einblick in die Absicht des Hundes gegenüber seinem Gegner, wenn er überhaupt eine hat. Und trotzdem: Wird über Knurren, Zähnefletschen oder Beißen bei Hunden diskutiert, impliziert das für gewöhnlich, dass ein aggressiver Hund im moralischen Sinn „böse" ist.

Wenn wir uns entscheiden können, was unter Aggression zu verstehen ist, müssen wir auch festlegen, ob es eine definierbare Grenze zwischen gerechtfertigter und ungerechtfertigter Aggression im Leben von Haustieren gibt. Im Idealfall wäre dies die Scheidelinie, die uns hilft vorauszusagen, welche Tiere ein erhöhtes Verletzungsrisiko für Menschen darstellen.

Doch der Reihe nach. Fassen wir die Geschehnisse der oben erwähnten häuslichen Dramen zusammen und sehen wir, ob wir festlegen können, bei welchen es sich um Beispiele von Aggression handelt.

Wir haben also:

- einen Hund, der seinen Menschen anknurrt und/ oder nach ihm schnappt, wenn es Zeit ist aufzustehen
- einen Hund, der einen Wellensittich im Maul zu seinem Menschen bringt
- einen Menschen, der dem Hund einen Schlag auf den Kopf versetzt, damit er den Vogel fallen lässt
- einen Welpen, der ein Kleinkind umstößt
- eine Frau, die einen Welpen ins Tierheim bringt
- einen Wellensittich, der in den Finger eines Menschen pickt
- ein Kind, dass einen Wellensittich in ein Waschbecken schleudert
- Kinder, die einen Wellensittich untersuchen und ihm dabei beide Flügel ausrenken
- einen Hund, der knurrt, wenn man ihn beim Fressen stört

Ein Großteil der Verwirrung hinsichtlich des aggressiven Verhaltens von Tieren mag darauf zurückzuführen sein, dass die Sprache, die von Wissenschaftlern benutzt wird, um das Verhalten von Tieren zu beschreiben, mit der Alltagsprache verwechselt wird. Einem vernünftigen Wörterbuch kann man entnehmen, dass das Wort „aggressiv“ umgangssprachlich für „einen unprovozierten, grundlosen Angriff, einen Akt der Feindseligkeit“ steht, wobei „Feindseligkeit“ wiederum ein „emotionales Gefühl von Hass“ oder ein „allgemeines Gefühl der Feindschaft“ beschreibt.

In letzter Zeit wird das Wort „aggressiv“ auch häufig für jede Art von penetrantem und aufdringlichem Verhalten unter Menschen verwendet. Das Wort löst immer eine abwertende Assoziation aus, außer – seltsamerweise – es bezieht sich auf einen Mann (nie auf eine Frau), der in einer geschäftlichen Situation seine Ziele sehr nachdrücklich verfolgt, also zum Beispiel „aggressiv neue Kunden akquiriert“.

Provokation ist das falsche Konzept

Fühlt sich ein Hund provoziert, zeigt er Abwehrverhalten, das ihn schützen und das Gegenüber vertreiben soll.

Wenn es um das Verhalten von Hunden geht, kommen wir mit den oben erwähnten Definitionen nicht weiter. Zuallererst einmal führt die Anwendung des Konzepts der Provokation bei Tieren zu einem hoffnungslosen Schlamassel. Verwenden wir Provokation im herkömmlichen Sinn, nämlich um zu beschreiben, dass das Opfer den Angriff verdient und der Angreifer einen Grund hatte anzugreifen, stehen wir vor dem Problem entscheiden zu müssen, wer in einem Streit zwischen zwei Arten im Recht ist, wobei lediglich der Mensch dazu fähig ist, ethische Konzepte zu entwickeln.

Situationen, in denen aggressives Verhalten gerechtfertigt erscheint, sind diejenigen, bei denen wir uns vorstellen könnten, selbst um uns zu schlagen. Geht man von diesem Gesichtspunkt aus und entscheidet, dass Chipper nichts getan hat, um verdient zu haben, beinahe beide Flügel ausgerissen zu bekommen, dann war das Verhalten meines kleinen Bruders eindeutig aggressiv, während Tracy nicht aggressiv reagierte, als sie ihr Fressen verteidigte, zumindest nach Meinung meiner Mutter.

Verwenden wir hingegen die nicht vorbelastete Bedeutung des Wortes, dann bezeichnet „Provokation" lediglich etwas, das eine Reaktion nach sich zieht. Daraus ergibt sich, dass alle Drohungen und Angriffe per Definition provoziert werden. Überdies haben wir keinen Einblick in den emotionalen Zustand des Hundes, so dass das Thema Feindseligkeit und welches Verhalten anderer Lebewesen sie auslösen könnte, als Teil unserer Definition unbrauchbar sind.

Wir haben allerdings einige Informationen über neurochemische Vorgänge, die in gewissen Situationen sowohl bei Menschen als auch bei Tieren auftreten. Welche Empfindungen Menschen dann haben, ist bekannt (zumindest das, was die Versuchspersonen berichteten, denn wir können nie wirklich sicher sein, was ein anderer Mensch gerade fühlt). Das lässt vermuten, dass Tiere ähnliche Empfindungen haben. Doch diese Frage ist keineswegs endgültig geklärt und auf keinen Fall umfassen die Ergebnisse der neurochemischen Forschung im Bereich der Empfindungen die Bandbreite von Situationen, die wir als aggressiv bezeichnen.

Die Wissenschaft hat ihre eigenen Wörterbücher

Trotzdem möchte ich behaupten, dass es möglich ist, eine vernünftige Definition für Aggression zu formulieren, die die meisten, wenn auch nicht alle dieser Situationen abdeckt. Die Antwort ist in den wissenschaftlichen Definitionen von Aggression zu finden, die uns von Ethologen und Biologen, die Verhaltensforschung betreiben, angeboten werden. Diese Wissenschaftler studieren das Verhalten von Tieren, indem sie sie allein und in Gruppen, in Gefangenschaft und Freiheit beobachten und ihr Verhalten in den unterschiedlichsten Situationen katalogisieren. Einer der berühmtesten Verhaltensforscher war Konrad Lorenz, dessen Entdeckung, dass junge Gänse entschlossen jenem Lebewesen folgen, das sie als erstes nach dem Schlüpfen sehen, von den Machern des bemerkenswerten Films „Nomaden der Lüfte" dramatisch in Szene gesetzt wurde.

Auch wenn unter Wissenschaftlern keine einheitliche Bedeutung für Aggression existiert, werden gemeinhin Definitionen angeboten wie „eine physische Tat oder Bedrohung eines Individuums, die die Freiheit oder die genetische Gesundheit eines anderen Individuums gefährden könnte" (Wilson 1975) und „Handlungen, die ein anderes Individuum verletzen oder bei denen die Gefahr einer Verletzung droht" (Leshner 1978). Der Begriff genetische Gesundheit steht für die Fähigkeit eines jeden Lebewesens, sein Genmaterial (Kopien seiner Gene) an die nächste Generation weiterzugeben.

Wenige von uns würden jedoch zustimmen, dass alle Handlungen, die zu Verletzungen führen, einen aggressiven Hintergrund haben. Als Teenager erlitt ich zum Beispiel eine ganze Reihe von Verletzungen (Verstauchungen, Fleischwunden, viele Quetschungen und einen gebrochenen Knochen), weil ein Pferd vor einem Hindernis plötzlich abrupt stehen geblieben oder weil es auf die Seite gesprungen war, um einer wahren oder eingebildeten Gefahr auszuweichen. Die Handlungen dieser Pferde hatten jedoch nichts mit mir zu tun; ich saß einfach nur gerade auf ihrem Rücken – oder plötzlich eben nicht mehr.

Wir sind uns wohl einig, dass solche zufällig zu Verletzungen führenden Unfälle nicht in denselben Topf geworfen werden dürfen wie die böse, tennisballgroße Bisswunde, die ich erlitt, weil ich auf der Weide der Quarter Horse Stute meines Onkels dummerweise den Rücken zudrehte. Doch stehen wir immer noch vor dem Problem der Unwissenheit in Bezug auf die Absichten eines anderen Lebewesens, besonders wenn es einer anderen Art angehört.

Es gibt eine Lösung für dieses Problem. Verhaltensstudien lassen vermuten, dass das Verhalten für die Anpassung wichtig ist; das heißt, um von Generation zu Generation weitergegeben zu werden, muss eine bestimmte Verhaltensweise die Wahrscheinlichkeit erhöhen, dass das Tier dadurch länger überlebt und somit die Möglichkeit hat, sich fortzupflanzen, also seine Gene weiterzugeben. Wir können unsere Definition also um diesen Aspekt erweitern. Die neue Definition könnte in etwa so lauten: Aggression ist eine tatsächliche oder drohende physische Handlung eines Individuums, die die Freiheit oder die genetische Gesundheit eines anderen Individuums gefährden könnte und die die genetische Gesundheit des Angreifers stärkt.

Werfen wir noch einmal einen Blick auf einige unserer Beispiele, um zu sehen, wie sehr sie dieser Definition entsprechen.

Der Fall Tracy gegen Chipper

Das Verhalten von Tracy, die sich den armen Chipper schnappte, scheint leicht einzuordnen zu sein. Ein Hund fängt einen Vogel: Der Vogel verliert sowohl seine Freiheit als auch seine Gesundheit, der Hund erhöht seine Fitness in Form eines Mittagessens. Die Tatsache, dass Tracy den Wellensittich nicht gefressen, sondern einem Menschen gebracht hat, ist nichts weiter als ein fehlgeleitetes Jagdverhalten, das Menschen bestimmten Hunderassen angezüchtet haben, um Gehilfen bei der Vogeljagd zu schaffen. Der Impuls, kleine und sich schnell bewegende Lebewesen zu jagen und zu fangen, ist reines aggressives Jagdverhalten.

Obwohl alle Verhaltensforscher dieses Verhalten als aggressiv einstufen, ist es wichtig festzuhalten, dass sich das Jagdverhalten biologisch gesehen gänzlich von allen anderen Formen der Aggression, über die wir noch sprechen werden, unterscheidet. Die neurochemischen Prozesse eines Hundes, der einen Hasen jagt und schließlich erbeutet, unterscheiden sich wesentlich von denen, die vor sich gehen, wenn dasselbe Tier einen Eindringling aus seinem Revier vertreibt, jemanden bedroht und beißt, der versucht, ihm den Knochen wegzunehmen oder wenn er sich bei einem Angriff verteidigt, zum Beispiel, weil er plötzlich am Halsband gepackt wird. Auf diese letzte Aktion waren ganze 20 % aller Beißattacken zurückzuführen, die Dr. Ian Dunbar in seiner großen, mehrjährigen Studie zum Thema Aggression zusammengetragen hat. Bei allen genannten Situationen sind die Gehirnregionen aktiv, die mit Angst in Zusammenhang gebracht werden. Kurz gesagt: Das Tier ist aufgebracht. Während der Jagd ist das nicht der Fall.

Wenn man eine Kategorisierung von Aggression vornimmt, liegt der größte Unterschied zwischen dem aggressiven Jagdverhalten und allen anderen aggressiven Verhaltensweisen. Aus der Perspektive des Hundes hat die Jagd nichts mit einer Konfliktsituation zu tun, obwohl der Hase da wohl anderer Meinung sein dürfte. Das Jagdverhalten beinhaltet kein Drohen oder Imponieren (außer bei Frustration) – der Jäger will auf keinen Fall, dass sein Opfer von seinen Absichten Wind bekommt. Jagdverhalten beinhaltet auch keine Feindseligkeit. Tracy hat Chipper wahrscheinlich nicht gehasst, zumindest nicht mehr, als Sie die Kuh gehasst haben, deren Fleisch Sie gestern zu Mittag gegessen haben. Sie hatte einfach nur Spaß.
Das Urteil: aggressives Jagdverhalten.

Der Fall Großmutter gegen Tracy

In diesem Fall – Großmutter schlägt Tracy auf den Kopf, damit sie den Vogel fallen lässt – ist die Sache ein wenig komplizierter. Tracys Freiheit, den Vogel zu behalten, wurde sicher eingeschränkt, ebenso ihre genetische Fitness, denn sie wurde für ein grundlegendes Verhalten zur Erbeutung von Nahrung bestraft, was die Wahrscheinlichkeit verringert, dass sie dieses Verhalten wiederholen wird. Tatsächlich war sie nach dieser Erfahrung so niedergeschlagen, dass sie nie wieder ein kleines, sich schnell bewegendes Lebewesen oder Ding jagte.

Hunde verstehen oft nicht, dass die „Beute" ausschließlich dem Menschen vorbehalten ist.

Über die Gründe meiner Großmutter kann man nur spekulieren, aber wenn man bedenkt, dass sie den Großteil ihres Lebens auf einem Bauernhof verbrachte, wo das größte Verbrechen, dass ein Hund begehen kann, darin lag, ein Tier aus dem Viehbestand (meistens Hühner) zu töten oder auch nur zu belästigen, ist es sehr wahrscheinlich, dass sie einem Impuls folgte, einen anderen Jäger davon abzuhalten, mit ihr in Konkurrenz um Nahrung zu treten, die den Menschen gehört. Das ist der Kern jenes aggressiven Verhaltens, das gemeinhin als Konkurrenzaggression (oder gelegentlich auch Dominanzaggression) bezeichnet wird und einfach auf starke Weise ausdrückt: „Lass meine Sachen in Ruhe!". Ich will meiner Großmutter selbstverständlich nicht unterstellen, dass sie einen Wellensitticheintopf zubereiten wollte. Einen Hund zu sehen, der eines ihrer Tiere im Maul hat, löste den Impuls aus, sofort und direkt dazwischenzugehen.

Das Urteil: Konkurrenzaggression.

Der Fall Tracy gegen Janis

Als meine Großmutter Tracy auf den Kopf schlug, meinte sie damit mehr oder weniger dasselbe wie Tracy, als diese mich anknurrte, weil ich ihr beim Fressen zu nahe kam: „Lass meine Sachen in Ruhe!". Der Unterschied ist, dass meine Großmutter tatsächlich Gewalt anwendete, während Tracy nur damit drohte. Wenn ich an die Rolle der Drohung in Zusammenhang mit Aggression denke, muss ich immer an Danny Glover in dem Film „Silverado“ denken. Er steht auf einer Klippe über einigen bösen Jungs, die gerade seinen Freund umbringen wollen. Er spannt den Hahn seines Gewehrs und sagt: „Ich will Euch nicht umbringen und Ihr wollt nicht tot sein“. Was die Schurken, wenig überraschend, von ihrem schändlichen Vorhaben abbringt.

Die meisten Konkurrenzkämpfe unter Mitgliedern einer Art, die auf soziale Bande angewiesen ist, um ihre Überlebenschancen zu erhöhen, werden ohne tatsächliche Gewaltausübung gelöst. Tracys Knurren, mit dem sie ihr Futter verteidigte, ist dafür ein gutes Beispiel. Die „Sache“, die potenzielle Konkurrenten in Ruhe lassen sollen, muss übrigens nicht immer Nahrung sein. Es kann auch ein Spielzeug sein (das heißt jegliches Objekt, das für jemanden von Wert ist), ein guter Schlafplatz, das eigene Revier oder auch Menschen, deren ungeteilte Aufmerksamkeit gewünscht ist, vor allem aber potenzielle Sexualpartner.
Auch hier das Urteil: Konkurrenzaggression.

Der letzte Fleischknochen auf Erden

Menschen und andere Primaten sowie Hunde sind sich in diesem Fall sehr ähnlich. Denken Sie darüber nach, wie Sie sich fühlen würden, wenn jemand in einem Restaurant unaufgefordert über den Tisch greift und den letzten Rest der Guacamole mit dem letzten Tortilla Chip von Ihrem Teller wischt. Sie werden ihn wahrscheinlich nicht gerade mit der Gabel niederstechen, doch das vor allem nur deshalb nicht, weil sie wissen, dass Sie den Verlust verkraften können – es ist nicht die letzte Nahrung, die Sie jemals zu Gesicht bekommen werden.

Das gilt gewöhnlich auch für Haushunde, doch sie haben keinen Zugang zu diesem Wissen. Das Verhalten von Haushunden, Dinge zu verteidigen, die in ausreichender Menge zur Verfügung stehen, hat Dr. Ian Dunbar als „paranoid“ bezeichnet, doch Hunde können nicht wissen, dass es unnötig ist, es sei denn wir lehren sie, unsere Störung zu akzeptieren. Es ist natürlich relativ einfach, eine solche „Paranoia“ bei jungen Hunden zu vermeiden, indem man immer

wieder auf sie zugeht und ihnen gute Leckerchen hinwirft, wann immer sie etwas Gutes in ihren Besitz gebracht haben. Jean Donaldson zeigt in ihrem Buch „Mine!" Wege auf, wie man mit Hunden arbeitet, die sich bei solch einer Annäherung bereits unwohl fühlen.
Sieht man von dem Zusammenleben mit Menschen in einigen wenigen wohlhabenden Regionen ab, spielte sich die gesamte Entwicklungsgeschichte der Hunde in einem sehr kargen Umfeld ab; es gab selten so viel, dass es für alle reichte. In der Welt ihrer Vorfahren war jener Hund, der zuletzt fraß, oftmals auch derjenige, der gar nicht mehr fraß. Diese Knappheit war alles, was sie kannten.

Natürlich werden zwischen bestimmten Individuen oder in bestimmten Fällen Ausnahmen gemacht. Als Ruby zu uns kam, brachte Willy ihr regelmäßig seine Schätze oder ließ sie sofort fallen, wenn sie auftauchte. Das änderte sich, als die Zeit zu Ende ging, die man als Flitterwochen oder Zeit des Werbens bezeichnen könnte. Wer weiß. Allmählich begann Willi, durch das Haus zu streifen und alle Hundespielzeuge und Knochen einzusammeln, manchmal acht oder zehn auf einmal, und sie sorgfältig vor sich auszubreiten, bevor er sich selbst niederließ, um seine Sammlung zu begutachten. Ruby lauerte ein paar Schritte entfernt und starrte wehmütig und voller Verlangen auf seine Reichtümer, denn sie hatte gelernt, er würde sie nicht näher kommen lassen, damit sie sich eines der Dinge nehmen konnte. Ab und zu verließ er jedoch seine Schätze immer noch, was bedeutete, dass es sicher für sie war, sie sich zu nehmen.

Hundespielzeug entspricht übrigens sehr dem Beuteschema; es eignet sich zum Jagen, Kauen und Zerlegen und wird deshalb stark mit Futterbeute assoziiert. Der Punkt ist, dass soziale Lebewesen die angeborene Reaktion zeigen und behalten möchten, was sie haben, wenn nötig mit Gewalt. Die für gewöhnlich aber nicht zum Einsatz kommt.

„Ich will Euch nicht umbringen und Ihr wollt nicht tot sein."
Für ein Tier, dessen Chancen zu überleben und sich fortzupflanzen durch gemeinsames Leben und Jagen mit anderen steigen, ist es einfach zu gefähr-

Die meisten Hunde lenken lieber ein, statt sich auf einen Streit einzulassen.

lich, gegenüber einem Mitglied der eigenen Gruppe Gewalt auszuüben. Es kann es sich nicht leisten, die eigenen Reihen ständig zu dezimieren, indem es seine Gefährten verletzt oder tötet. Soziale Tierarten, insbesondere jene mit ausgeprägten Verteidigungs- und Jagdwaffen, entwickelten also genau durchdachte Warnsignale, die dem Gegenüber vermitteln: „Geh weg, oder ...". Die meisten Hunde reagieren nahezu immer auf diese Signale, so wie die meisten Menschen fast immer auf solche Signale anderer Menschen reagieren. Bei beiden Arten kommen verbale Streitigkeiten und Drohgebärden häufiger vor als tatsächliche Kämpfe.

Es gibt natürlich Raufereien zwischen Hunden, doch diese werden meist rasch gelöst, wobei die beteiligten Hunde sich zurückhalten und kein wirklicher Kontakt zustande kommt. Oder sie kontrollieren die Kraft ihrer Kiefer so, dass keiner verletzt wird. Eine kürzlich veröffentlichte Studie, die in einem sehr frequentierten Hundeauslaufgebiet von Indianapolis erhoben wurde, liefert dazu einige Zahlen. Die Forscher beobachteten im Verlauf von acht Monaten während der frequentiertesten Zeiten insgesamt 177 Hunde. Nun könnte man erwarten, dass eine solche Hundeauslaufzone mit häufig wechselnden Gästen ständig Schauplatz von Kämpfen sein muss. Hunde, wie die meisten Tiere, darunter natürlich auch Wölfe, reagieren auf unbekannte Artgenossen meist eher feindselig.

Trotzdem verzeichneten die Forscher nur 14 Kämpfe mit Vollkontakt, keine davon dauerte länger als 60 Sekunden. Außerdem beobachteten sie weitere 14

Vorfälle, die man als Raufereien hätte einstufen können, die aber nicht definitiv von einem rauen Spiel zu unterscheiden waren. Es gab keinerlei ernsthafte Verletzungen. Selbst wenn man in Betracht zieht, dass die Hunde in einem Hundeauslaufgebiet ein wenig liebenswürdiger sind als ganz zufällig aufeinandertreffende Tiere, weil zumindest einige Menschen, die wissen, dass ihre Hunde zum Kämpfen neigen, Hundeparks meiden werden, ist die Quote der physischen Konflikte äußerst gering.

In Anbetracht der beispiellosen artübergreifenden Vertrautheit zwischen Mensch und Hund ist es absolut nicht überraschend, dass es zwischen uns zu Konkurrenzaggression kommen kann. Tatsächlich gestatten Hunde uns eher den Zugang zu ihrem Futter als umgekehrt.

Die Entwicklung des Haushundes war von Perioden des Schlemmens und Fastens gekennzeichnet, was zur Folge hatte, dass viele Hunde heute noch alles fressen, was ihnen unterkommt, bis sie physisch nicht mehr in der Lage sind, weiterzumachen. Die meisten Menschen möchten nicht, dass ihr Hund die beste und teuerste Nahrung frisst, die im Haus ist. Deshalb verhindern wir, dass sie uns arm fressen. Wir bewahren die Sachen, die sie nicht fressen sollen, so auf, dass sie nicht drankommen.

Und ab und an wollen uns manche Hunde davon abhalten, uns ihrem Futter zu nähern oder es ihnen wegzunehmen. Also knurrte Tracy, um ihre Futterschüssel zu verteidigen, und Großmutter schlug Tracy, weil sie etwas genommen hatte, das den Menschen gehörte.

Der Fall Tippy gegen den kleinen Bruder

Und wie steht es nun mit Tippy (dem Sheltie-Mischlingswelpen), der meinen kleinen Bruder ansprang und dabei umwarf? Die Freiheit eines Babys (ungestört aufrecht zu sitzen) wurde sicherlich eingeschränkt und dass er nie verletzt wurde, war wahrscheinlich Zufall. Er weinte jedenfalls, als wäre er tödlich verwundet worden. Aber hatte der Welpe einen Nutzen davon?

Um diese Frage zu beantworten, muss man einige Dinge über das Verhalten von Hunden wissen. Hunde und Wölfe springen einander ausschließlich zur Begrüßung oder im Verlauf eines Spieles an. Dies ist ein Verhalten zur Stärkung der sozialen Bindung. Den Angesprungenen zu verletzen bringt dem Springer keinerlei Vorteil. Das Anspringen ist nie eine Einleitung zur Jagd oder Teil davon. Praktisch jede Form von Aggression, mit Ausnahme des Jagdverhaltens, wird von Tieren durch ein „Geh weg!" ausgedrückt. Oder, um es eleganter zu formulieren, indem sie die soziale Distanz erhöhen. So der renommierte Tierverhaltensforscher Roger Abrantes. Anspringen erfüllt keine solche Funktion. Ganz im Gegenteil.

Hunde springen einander an, um einander näher zu kommen, gewöhnlich springen sie zum Gesicht, oftmals zum Zweck des Ableckens. Auch wenn Tippys Verhalten für das Baby durchaus eine Gefahr darstellte, kann es nicht als aggressiv eingeordnet werden.
Das Urteil: keine Aggression.

Der Fall Mutter gegen Tippy

Dass meine Mutter Tippy ins Tierheim brachte, erfüllt hingegen all unsere Kriterien. Tippys Freiheit und Gesundheit wurden eingeschränkt oder wahrscheinlich sogar ausgelöscht, da sich der Vorfall zu einer Zeit ereignete, in der die meisten Heime sämtliche Welpen prinzipiell töten ließen. Die genetische Fitness meiner Mutter wurde erhöht, indem sie ihren Nachwuchs schützte. Ein typisches Beispiel von mütterlicher Aggression, die zu den von Ethologen am häufigsten genannten Aggressionsformen zählt. Und eine, die interessanterweise auch in einigen Gesetzbüchern des Zivilrechts ausdrücklich als Persilschein für Hunde angeführt wird. Diese Gesetze entbinden den Besitzer von der Haftung, wenn eine Hündin, die ihre Welpen säugt, jemanden beißt, der den

Welpen zu nahe kommt. Vermutlich weil wir diesen Vorfall intuitiv als eine provozierte Aggression erkennen.

Wir könnten noch einen weiteren Vorbehalt anbringen: Wir wollen in unsere Betrachtungen lediglich Handlungen miteinbeziehen, die unmittelbar, in der Hitze des Gefechtes entstehen und der keine Überlegungen zugrunde liegen. Das würde allerdings dazu führen, dass wir einen Großteil dessen, was wir üblicherweise als aggressives Verhalten bei Menschen bezeichnen, ausschließen und vor allem vorsätzliche und in Auftrag gegebene Gewaltakte als nichtaggressiv einstufen müssten. Nein, ich fürchte, wir müssen das Verhalten meiner Mutter als aggressiv beurteilen.
Das Urteil: mütterliche Aggression.

Der Fall Chipper gegen Janis

Chipper, der Wellensittich, wurde in einer Tierhandlung gekauft, um mich, so vermute ich, über den Verlust des Welpen hinwegzutrösten. Sein Preis war sicher nicht hoch genug, um die Kosten für eine sorgfältige Handaufzucht und Zähmung zu enthalten. Als er schließlich ein klauenartiges Gebilde (meine Hand) erblickte, das so groß war wie er selbst und auf ihn zukam, war das für ihn wohl eine Premiere. (Man sollte nicht vergessen, dass für einen Hund mit geringer Sozialisierung vieles, was er erlebt, ebenso auf ihn wirkt, wie diese riesige Hand auf meinen armen Wellensittich.) Chippers Rückzugsmöglichkeiten waren ziemlich begrenzt. Sein Käfig war vielleicht 80 – 90 Kubikzentimeter groß, so dass ich mit meiner Hand überall hinkam. Er tat das Naheliegendste und versuchte sich mit der besten ihm zur Verfügung stehenden Waffe zu verteidigen: mit seinem Schnabel.

Diese Defensivaggression ist eine weitere wichtige, von Ethologen und Verhaltensforschern angeführte Kategorie; mit der das Tier zu verstehen gibt: „Lass mich in Ruhe!“. Vor allem dann, wenn es keine Möglichkeit zum Rückzug hat. In diesem Fall war das Ziel, mir die Möglichkeit zu nehmen, den Wellensittich mit meiner Hand zu attackieren. Zu diesem Zweck wurde meine Fitness auf eine Weise eingeschränkt, die es mir unmöglich machte, etwas anderes zu tun, als mich um meinen schmerzenden Finger zu kümmern. Wenn man einem Angreifer genügend Schmerz zufügt, zieht er sich vielleicht zurück.

Im Laufe der Evolution, in der sich sowohl die Waffen der Jäger als auch jene der Opfer immer weiter perfektionierten, haben viele Jäger die Fähigkeit entwickelt, die Regionen im Gehirn, die für das Schmerz- und Angstempfinden verantwortlich sind (siehe Kapitel IV), in der Hitze der Jagd zumindest teilweise auszuschalten. Den meisten Verfolgern muss man ordentliche Schmerzen zufügen, um sie loszuwerden. Das war wohl auch der Grund, warum Chipper immer noch an meinem Finger hing, als ich die Hand schon zurückgezogen hatte.
Das Urteil: Defensivaggression.

Der Fall Janis gegen Chipper

Jedenfalls hat seine Verteidigung funktioniert, zumindest teilweise. Ich zog sofort meine Hand aus dem Käfig, aber zu unser beider Pech hing Chipper immer noch an meinem Finger. Für mein weiteres Handeln gibt es mindestens zwei mögliche Erklärungen. Es mag sein, dass ich in den Defensivmodus umschaltete oder der Schmerz hat ein aggressives Verhalten ausgelöst und ich ging automatisch in den „Runter von mir"-Modus. Oder aber ich fuchtelte einfach zufällig mit meiner Hand in irgendeine Richtung, um meinen Angreifer loszuwerden.

Viele Tiere, die sich plötzlich in der Rolle des Opfers wiederfinden, schlagen wild um sich. Dieses Verhalten hat dazu geführt, dass die meisten Jäger – darunter auch Hunde – den Angriff verstärken oder zu Jagdverhalten auf herumzappelnde Dinge übergehen. In jedem Fall wurde Chippers Fitness durch seine Landung im Waschbecken dramatisch reduziert. Auf sich alleine gestellt hätte er die Zeit, bis die neuen Federn nachwachsen konnten, sicher nicht überlebt.

Schließlich hätte er wochenlang nicht die nötige Ausrüstung dazu gehabt, zu fliegen, Nahrung zu sammeln oder Feinden zu entkommen.
Das Urteil: Defensivaggression bzw. Irritationsaggression (durch Schmerz ausgelöste Aggression).

Man könnte einwenden, dass die Landung im heißen Spülwasser nicht geplant war, doch das Risiko aller möglicher Gefahren, die um uns lauern, erhöht sich in der Hitze des Gefechtes für beide Kontrahenten automatisch. Es bedeutet immer ein Wagnis, all seine Aufmerksamkeit ausschließlich auf eine Gefahr zu richten. Für das Nervensystem ist das genauso wie für Butch Cassidy und Sundance Kid, die über die Klippen sprangen – es gibt keinen Grund, sich vor dem Ertrinken zu Fürchten, wenn einen wahrscheinlich der Aufprall tötet. Und beide Gefahren werden durch ihre Verfolger noch übertrumpft. Doch das macht diese Gefahren nicht weniger gefährlich.

Aggression und Lernverhalten

Eine Hundetrainerin erklärte mir einmal in diesem „Du weißt schon, was ich meine“-Tonfall, dass wir ja alle schon einmal Hunde gesehen hätten, die, nachdem sie einmal gebissen hatten, immer besser darin wurden. Ich dachte lange darüber nach, da ich einfach nicht wusste, was sie damit sagen wollte. Es hörte sich an, als sei sie der Meinung, dass Hunde lernen müssen, wie man beißt – so wie ein Mensch zum Beispiel lernen muss, kopfüber in ein Schwimmbecken zu springen, ohne mit einem Bauchplatscher zu landen. Ich kann mich noch erinnern, dass ich als Kind versucht habe, mir alle Anweisungen zu merken: Kopf zwischen die Arme, Arme ausstrecken, in der Hüfte nach vorne beugen, weiter beugen, weiter beugen … und wenn du schließlich fällst, darfst du dich nicht durchstrecken oder den Kopf heben. Man versucht das viele Male, Schritt für Schritt, und fügt alles zusammen.

Es ist äußerst unwahrscheinlich, dass das Beißverhalten diesem Vorgang in irgendeiner Weise ähnelt. Was diese Trainerin jedoch beobachtet haben mag,

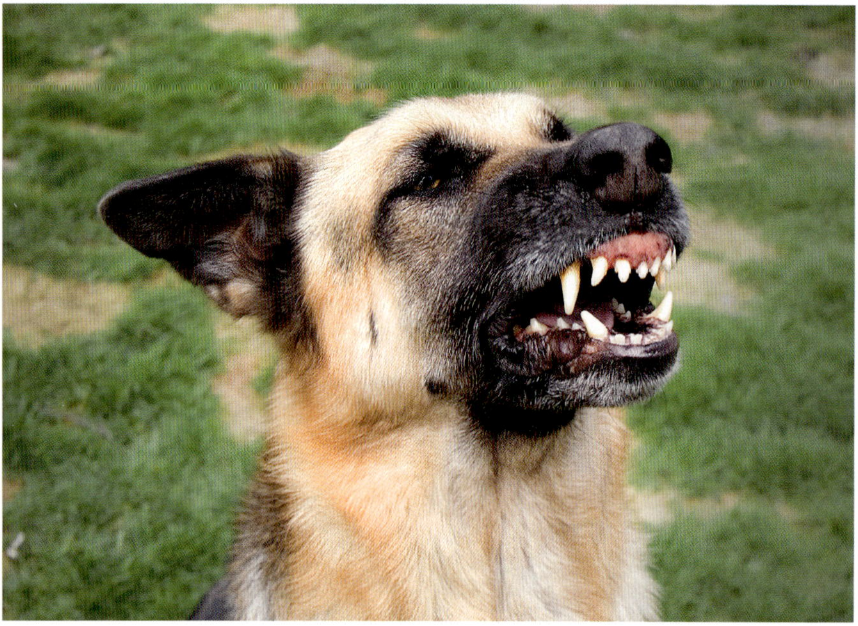

Werden seine Drohgesten nicht akzeptiert, so kann ein derart verärgerter Hund auch zubeißen.

ist, dass das Beißverhalten sowohl in der Häufigkeit als vielleicht auch in der Stärke in Situationen zunahm, in denen das Beißen für den Hund funktioniert hat. Er hatte damit erreicht, dass etwas Beängstigendes oder jemand Unangenehmes verschwand. Mit anderen Worten: Beißverhalten kann sich verstärken wie jedes Verhalten, darunter auch die Verhaltensweisen, die im Allgemeinen mit Aggression in Verbindung gebracht werden, wie Einfrieren, Starren, Knurren, Zähnefletschen und Abschnappen.

Wenn ein positiver Reiz (oder das Verschwinden eines negativen Reizes) direkt auf ein beliebiges Verhalten folgt, wird dieses in Zukunft öfter gezeigt werden. Das Verhalten wird verstärkt und die Wahrscheinlichkeit, dass das Tier in einer ähnlichen Situation bald wieder so reagieren wird, steigt. Einige Theoretiker haben hierfür eine eigene Kategorie geschaffen, die sie Instrumentalaggression (erlernte Aggression) nennen. Höchstwahrscheinlich ist diese Kategorie jedoch überflüssig, denn sie trifft auf alle angesprochenen Aggressionstypen zu. Da bellen und nach vorn stürzen die soziale Distanz zwischen dem Hund und beispielsweise dem Furcht einflößenden Postboten erhöht, wird der Hund diese Strategie das nächste Mal wieder anwenden, wenn er hört, dass der Briefkasten geöffnet wird.

Der Fall Ruby gegen Janis

Aber wie steht es mit Rubys morgendlichem Knurren und Schnappen? Ist dieses Verhalten erlernt, falls das überhaupt möglich sein sollte? Ich habe ihr sicher beigebracht, sich so zu verhalten, und zwar insofern, als dass ich die Wahrscheinlichkeit verstärkt habe, dass sie so reagiert. Hundetrainer würden sagen, Ruby sei ein „weicher“ Hund, was bedeutet, dass man sie durch jede Form von grober Behandlung leicht entmutigen kann. Sie ist auch sehr anhänglich und hat noch nie einen Menschen getroffen, den sie nicht sofort in ihr Herz geschlossen hätte. Als sie also das erste Mal ihre Zähne zusammenschlug wie ein Krokodil, war ich nicht alarmiert. Im Gegenteil, ich lachte sogar darüber. Es passierte während einer Trainingsstunde und ich hatte, soweit ich mich erinnern kann – das sind jetzt wirklich nur Vermutungen –, gerade die Regeln geändert, wofür sie sich eine Belohnung verdienen konnte. Übrigens sollte ich an dieser Stelle noch darauf hinweisen, dass diese Verhaltensweise auch bei Sozialspielen und im Zusammenhang mit Werbungsritualen beobachtet werden konnte. Das zeigt wiederum, wie vergeblich es ist, die tatsächlichen Motive hinter dem Verhalten von Hunden zu analysieren.

Lass mich in Ruhe. Ich habe einen schlechten Tag.

Frustrationsaggression, auch Reizaggression genannt, wenn sie durch einen zufälligen oder immer wiederkehrenden negativen Reiz wie zum Beispiel einen Elektroschock ausgelöst wird, ist eine weitere Form der Aggression, die in der wissenschaftlichen Literatur häufig beschrieben wird. Reizaggression bedeutet, dass wir beim Autofahren wahrscheinlich eher jemanden verfluchen, der uns gerade geschnitten hat, wenn uns an diesem Tag unser Knie mal wieder besonders weh tut oder wenn das Auto erst nach dem zehnten Versuch ansprang.

Unabhängig davon, warum Ruby begann, mit den Zähnen zu klappern, begann ich sofort, dieses Verhalten umzuwandeln. Ich fand dieses Krokodils-Klappern so amüsant, dass ich damit begann, ihr jedes Mal eine Belohnung zu geben, wenn sie es tat. Und natürlich zeigte sie es daraufhin immer öfter. Dann fing ich an, das Verhalten zu verfeinern, indem ich sie nur noch für das Klappern belohnte, wenn sie dabei die Lefzen hoch zog und die Zähne zeigte, bis ich dieses Verhalten mit dem Signalwort „Lächeln!" abrufen konnte. Somit hatte ich Ruby nicht nur einen lustigen Trick beigebracht, sondern zusätzlich insgesamt die Wahrscheinlichkeit dafür erhöht, dass sie dieses Verhalten zeigt, denn ich habe nicht die Selbstdisziplin, konsequent nur das Lächeln zu belohnen, das ich auch gefordert habe.

Ruby hat schon immer versucht, mich morgens aus dem Bett zu bekommen, wenn sie meinte, es sei Zeit, Gassi zu gehen, zu frühstücken, in den Hundepark zu gehen usw. Ihre Versuche, mich mit der Pfote oder der Schnauze anzustupsen, waren selten von Erfolg gekrönt. Deshalb probierte sie andere Verhaltensweisen aus, die in der Vergangenheit funktioniert hatten – Verhalten, die verstärkt worden waren, wenn auch in einem anderen Zusammenhang. Ich weiß nicht, wie viele sie ausprobiert hat, aber es war das Zähneklappern, das mich schließlich zum Lachen brachte (statt mir die Decke über den Kopf zu ziehen oder sie aus dem Zimmer zu verbannen). Manchmal musste sie das Verhalten einige Male wiederholen, bevor ich mit ihr zu reden begann und sie am Bauch kraulte (beides sichere Anzeichen dafür, dass ich tatsächlich bald aufstehen würde), wodurch sie darin bestärkt wurde, es auch in Zukunft immer wieder zu zeigen.

Es ist schwer möglich, dieses Verhalten mit unserer Definition von Aggression in Einklang zu bringen. Die Belohnung für aggressives Verhalten liegt für gewöhnlich darin, dass das bedrohliche Was-auch-immer verschwindet. In die-

sem Fall besteht die Belohnung, so weit ich das beurteilen kann, aus sozialer Interaktion und einem Frühstück. Sollte das Klappern und Knurren nicht funktionieren, kommt es nicht zu einer Verstärkung der Drohung oder gar zum Einsatz von Gewalt, sondern sie leckt meine Ohren. Die einzige Freiheit, die mir abhanden kommt, ist die, auszuschlafen. Wir haben hier also ein Verhalten mit üblicherweise aggressivem Hintergrund, das in diesem Fall einen vollständig anderen Zweck verfolgt. Es ist nicht immer einfach festzustellen, ob ein bestimmtes Verhalten in die Kategorie Aggression gehört, geschweige denn, ob es zum Beißen führen wird oder nicht.
Das Urteil: kein aggressives Verhalten.

Manche Wissenschaftler beschreiben das Leben als eine einzige lange Periode der Selbstverteidigung

Wenn unsere Beispiele auch sonst nichts beweisen sollten, machen sie doch deutlich, wie absurd der Versuch ist, Aggression mit dem Wort „böse“ zu assoziieren. Deshalb sollten wir umdenken und nicht den Schluss ziehen, jedes Tier, das aggressive Verhaltensweisen zeigt, sei gestört. Aggression ist allgegenwärtig. Jeder ist aggressiv. Deshalb ist auch der Satz „Hinweis auf früheres aggressives Verhalten“, der oft zur Bestimmung der rechtlichen Haftbarkeit benutzt wird oder um einen Hund zu kennzeichnen, der rechtsgültig als „gefährlich“ eingestuft werden soll, unbrauchbar. Bis jetzt haben wir keine Möglichkeit vorauszusagen, welche Hunde einen Menschen verletzen werden, wenn sie es nicht bereits getan haben.

Die einzige Möglichkeit, zukünftige Bisse mit Verletzungsfolgen vorherzusagen, ist das Wissen um frühere Bisse mit Verletzungsfolgen. Knurren, Zähnefletschen und Abschnappen sind praktisch keine Indikatoren dafür, ob später Menschen verletzt werden könnten. Bisse, die in der Vergangenheit keine Verletzungen zur Folge hatten, sind jedoch ein Indikator dafür, dass höchstwahrscheinlich auch in Zukunft niemand verletzt werden wird.

Aggression ist nicht identisch mit Gewalt. Gewalt ist die Anwendung physischer Kraft. Aggression ist ein breiterer Begriff, der sämtliche Möglichkeiten von der subtilen Warnung bis hin zum tödlichen Angriff umfasst. Einige aggressive, jedoch nicht gewalttätige Verhaltensweisen wie Schreien oder Knurren gehen manchmal gewalttätigen Verhaltensweisen voraus, jedoch bei weitem nicht immer. Gewalttätiges Verhalten kann auch ohne jegliche vorherige Warnung auftreten.

Es ist eine Vermutung, dass sich der Aggressionslevel bei Hunden mit bereits leicht erhöhter Aggression (ohne Verletzungen) mit der Zeit weiter erhöhen wird. Es gibt zwar einige Beweise für diese Vermutung, aber längst nicht so viele, wie erwartet werden könnten. Mit anderen Worten: Hunde, die tatsächlich bereits gebissen haben, zeigen in ihrer Vergangenheit nur einen geringfügig höheren Anteil an nicht gewalttätigem, aggressivem Verhalten (Bellen, Knurren, Zähnefletschen, Abschnappen etc.), als Hunde, die noch nie gebissen haben. Andererseits gibt es Hunde, die beißen und davor nicht bellen, knurren, ihre Zähne fletschen oder abschnappen. Und was noch wichtiger ist: Der Großteil der aggressiven Hunde beißt nicht. Und am allerwichtigsten ist – das kann gar nicht oft genug gesagt werden –, dass die Mehrheit der Hunde, die beißen, niemanden verletzt. Die meisten Beißvorfälle können gar nicht als gewalttätig eingestuft werden, da sie weder Schmerzen verursachen noch ungehemmt sind. Sie bestehen aus reinen Drohgebärden, vergleichbar mit dem lautem Schreien und Anrempeln bei uns Menschen.

Einfach gesagt: Die meisten Hunde sind aggressiv, so wie die meisten Menschen, Katzen, Hamster, Vögel etc. Aggression ist die Norm, nicht die Ausnahme. Hunde lassen ihrer Aggression jedoch selten so weit freien Lauf, dass sie uns oder einander verletzen.

Viel Knurren, Zähnefletschen und Abschnappen – selten ein Biss

Eine der wenigen gut konzipierten Studien zu Drohgebärden und Beißvorfällen bei Hunden wurde von Dr. Norma Guy vom Atlantic Veterinary College unter Hundehaltern durchgeführt, die eine von 20 ausgesuchten Tierkliniken in Kanada besucht hatten. Laut dieser Studie zeigten mehr als 41 % der insgesamt 3.226 an der Studie beteiligten Hunde gegenüber Menschen ein offensichtlich aggressives Verhalten (Knurren oder Abschnappen), doch nur 15,6 % davon hatten schon einmal gebissen. Selbst diese 15,6 % sind zu hoch gegriffen, da sich bei einer weiteren Befragung der Hundehalter herausstellte, dass „viele Hunde, die als Beißer bezeichnet wurden [...] den Gegner nicht verletzt hatten" (Guy, 2001).

Nicht jeder aufgerissene Fang eines Hundes deutet auf aggressive Absichten hin, denn auch beim genussvollen Gähnen werden die Zähne gezeigt.

Auf die gesamte Hundepopulation übertragen liegt der tatsächliche Prozentsatz der Hunde, die knurren, die Zähne fletschen oder abschnappen, sicherlich höher, als die von Guy errechneten 41 %. Die kanadische Studie bezog sich ausschließlich auf aggressives Verhalten gegenüber Mitgliedern des eigenen Haushalts und gegenüber anderen Menschen, die die Hunde gut kannten. Die übereinstimmende Ansicht der Wissenschaftler (einschließlich derer, die diese Studie durchgeführt haben) ist, dass Hunde, die bekannten Menschen gegenüber drohen und beißen, zu einer anderen Gruppe zählen als diejenigen, die fremden Menschen gegenüber drohen und beißen, obwohl sich die beiden Gruppen natürlich überlappen.

Die Formen der Aggression, die in diesen beiden Gruppen zum Tragen kommen, unterscheiden sich von Grund auf. Aggressives Verhalten gegenüber bekannten Menschen gehört meist in die Kategorien „Lass meine Sachen in Ruhe." oder „Fass mich da nicht an." oder „Schränk mich nicht ein." Aggressives Verhalten gegenüber Fremden ist meist der Ausdruck einer Neophobie, die sich durch den Umstand, dass der Hund von der unbekannten und dadurch bedrohlich wirkenden Person angesprochen oder gar gejagt wird, noch verstärkt. Verhaltenstrainer können nur selten von Fällen berichten, in denen ein Individuum beide Formen aggressiven Verhaltens zeigt.

Bezieht man jene Hunde mit ein, die Fremde anbellen oder anknurren, wird sich der Prozentsatz von aggressiven Hunden insgesamt drastisch erhöhen. Eine andere Studie mit 2.000 Haushunden in den Nordwestlichen Bundesstaaten der USA beschäftigte sich mit der Suche nach Verhaltensfaktoren bei Begleithunden. Das heißt, man suchte nach Verhaltenshäufungen eines Tieres. Man fand zum Beispiel heraus, dass Hunde, die von ihren Besitzern als „heikle" und „wählerische" Fresser beschrieben wurden, ihr Futter meist stehen ließen, wenn sie alleine waren, und ihr Futter nur selten hinunterschlangen oder sehr schnell fraßen. Das wird zum Verhaltensfaktor „Fress-Sensibilität".

Die Studie der Verhaltensforscher Peter Borchelt und Linda Goodloe fand nur eine geringe Übereinstimmung zwischen den beiden Aggressionsformen, die sie untersuchten, also zwischen der Aggression gegenüber Familienmitgliedern und jener gegenüber Fremden. Die beiden Gruppen überlappten sich zwar, aber nur geringfügig. Hunde, die bekannte Menschen anknurren, anfletschen oder beißen, knurren, fletschen oder beißen nicht häufiger unbekannte Personen, als Hunde, die gar kein aggressives Verhalten zeigen. Und Hunde, die keine Fremden mögen, knurren, fletschen oder beißen nicht häufiger ihre eigenen Menschen, als diejenigen, die gar keinen Menschen bedrohen.

Dieses Ergebnis steht im Einklang mit vielen Studien zum Thema Aggression, die in den letzten vier oder fünf Jahrzehnten mit verschiedenen Spezies durchgeführt wurden. Man fand heraus, dass Frequenz und Intensität der unterschiedlichen aggressiven Verhaltensformen wie Abwehraggression, Reizaggression, Konkurrenzaggression, aggressive Jagdverhalten etc. von verschiedenen neurochemischen und sozialen Faktoren sowie von umwelt- und situationsbedingten Einflüssen abhängig sind. Dinge, die ein bestimmtes aggressives Verhalten verringern, haben meist keinen Einfluss auf ein anderes aggressives Verhalten, steigern es aber auch nicht. Man kann also mit ziemlicher Sicherheit davon ausgehen, dass der tatsächliche Prozentsatz von Hunden, die im Laufe ihres Lebens einem Menschen gegenüber knurren, die Zähne fletschen oder abschnappen höher ist als die von Guy errechneten 41 %.

Aggression in der Forschung

Aggression war und ist Thema zahlreicher Studien in Bezug auf unterschiedliche Spezies, darunter auch den Menschen. Speziell in Bezug auf Hunde wurde bisher jedoch nur wenig Forschung betrieben. Die meisten Erkenntnisse liegen im Bereich der Territorialaggression (Aggression gegenüber unbekannten Eindringlingen), der Kämpfe zwischen Männchen (meist um ein Weibchen) und des aggressiven Jagdverhaltens vor. Wissenschaftler sind deshalb so sehr daran interessiert, weil Aggression unter Menschen allgegenwärtig ist. Streitigkeiten unter Männern sind übrigens in fast allen Kulturen der häufigste Grund für aggressives Verhalten, zumindest was den aggressivsten Zusammenstoß betrifft, den Mord (Daly und Wilson, 1988).

Das obere Ende der Skala – verrückte Fische

Ein Wissenschaftler, der die Aggressionsrate bei nicht-menschlichen Spezies untersucht, manipuliert zunächst einige Ausgangsbedingungen (genetisch, physiologisch oder situationsbedingt) und sucht dann nach Differenzen in der Häufigkeit und Intensität der Angriffe. In einem sehr bekannten Experiment sollten Stichlinge selektiv nach geringerem oder erhöhtem Aggressionslevel gezüchtet werden. Dem Biologen Theo Bakker gelang es zwar, die Rate des aggressiven Verhaltens zu senken, er schaffte es jedoch nicht, ihn zu erhöhen (zumindest nicht bei den Männchen). Die natürliche Selektion hatte also dazu geführt, dass der männliche Stichling bereits den höchstmöglichen Aggressionslevel erreicht hatte. Es war nur noch möglich, das Aggressionsverhalten durch Selektion zu reduzieren. Bakker konnte somit den Durchschnittswert des aggressiven Verhaltens in seiner Zuchtgruppe nicht erhöhen. Das heißt jedoch nicht, dass alle Tiere gleichermaßen kampflustig waren.

Um diese Vorgänge zu verstehen, wenden wir uns noch einmal dem Experiment mit den Silberfüchsen zu. Sie werden sich erinnern, dass die Wissenschaftler nur Füchse zur Zucht auswählten, die ihren Kriterien in Hinblick auf Freundlichkeit gegenüber fremden oder fast fremden Menschen entsprachen, wodurch sich das Auftreten freundlichen Verhaltens innerhalb der Zuchtgruppe allmählich erhöhte. Das bedeutet jedoch nicht, dass diese Tiere keine Welpen mehr zur Welt brachten, die weniger freundlich oder sogar absolut unfreundlich reagierten, doch es wurden weniger und mit diesen Welpen wurde auch nicht weiter gezüchtet.

In jeder Zuchtreihe kommt man irgendwann an einen Punkt, an dem man das Limit erreicht hat, das heißt, an einen Punkt, an dem die Würfe im Durchschnitt dieselbe Bandbreite an Charakteristika entwickeln werden. Und wenn zu irgendeinem Zeitpunkt ein bestimmter Selektionsdruck (wie ein vom Menschen kontrolliertes Zuchtprogramm) nachlässt, wird das Pendel sehr wahrscheinlich wieder in die andere Richtung ausschlagen.

Die Talsohle ist erreicht – sanfte Hunde

Bei Hunden scheint es möglich, dass natürliche und menschliche Selektion im Laufe von 15.000 bis 135.000 Jahren bereits dazugeführt hat, dass das Silberfuchs-Experiment abgeschlossen und Auftreten und Intensität von Aggression bereits am niedrigsten Punkt angelangt sind. Es scheint zwar eher wahrscheinlich, dass wir uns noch ein wenig weiter in Richtung eines extrem freundlichen Hundes bewegen können, aber unter den Mitgliedern einer Art wird es immer eine ganze Bandbreite von Verhaltensweisen geben. Wir werden das natürlich nie genau wissen, es sei denn, wir beginnen auf skrupellose Weise damit, alle drohenden, beißenden oder angreifenden Individuen (treffen Sie Ihre Wahl) aus dem Gen-Pool auszusortieren.

Der Versuch, sämtliches Aggressionsverhalten von Hunden gegenüber Menschen ausmerzen zu wollen, ist höchstwahrscheinlich sinnlos. Worauf wir unsere Forschung wirklich richten müssen, sind die Beißvorfälle, die ernsthafte Verletzungen zur Folge haben. Das ist sicherlich der einzige Weg, um die Faktoren zu isolieren, die tatsächlich die Wahrscheinlichkeit, dass es zu Bissverletzungen kommt, erhöhen.

Zum Beispiel kann es sein, dass sich durch die Reaktion der Person, die Ziel des Knurrens, Zähnefletschens oder Abschnappens ist, das Verletzungsrisiko erhöht oder verringert. Möglicherweise erfolgt ein Biss, wenn sich die Person nicht auf Grund der Warnsignale des Hundes zurückzieht. Signale, die, wie mein Trainerkollege es ausdrückt, sagen wollen „Bitte, tu nichts, dass ich Dich beißen muss." Es kann auch sein, dass die Anzahl an Bissverletzungen proportional zur Anzahl der knurrenden Hunde wächst. Oder fällt. Wir wissen es nicht. Was wir hingegen wissen, ist, dass die intensive Sozialisierung von Welpen aggressives Verhalten verhindern kann, das auf Neophobie beruht; also das Knurren und Zähnefletschen gegenüber sowie das Schnappen nach Fremden und in der Folge auch das Beißen fremder Personen.

Die oben erwähnte kanadische Studie von Dr. Norma Guy brachte einige unerwartete Erkenntnisse darüber zu Tage, nach denen Menschen einem etwas erhöhten Risiko unterliegen, eher von ihnen bekannten Hunden gebissen zu werden. Dazu gehören kleine Hunde (unter 20 Kilogramm), Hündinnen im Allgemeinen und Hunde, die wegen einer übel riechenden und entzündlichen Hautkrankheit in Behandlung gewesen waren.

Das interessanteste Ergebnis dieser Studie ist jedoch, dass weniger als 10 % jener Hunde, die gebissen hatten, tatsächlich jemanden so schwer verletzten, dass eine medizinische Versorgung notwendig wurde. Zudem erwiesen sich diese Verletzungen selten als schwerwiegend. Guy und ihre Kollegen fanden keine Faktoren heraus, die jene Hunde, die einen Menschen so stark bissen, dass er medizinische Behandlung in Anspruch nehmen musste, von den Hunden, die einen Menschen nicht oder kaum verletzten, unterschieden. Es muss wohl kaum erwähnt werden, dass es in dieser Gruppe zu keinem tödlichen Beißvorfall gekommen war. Selbst wenn es für einen Menschen möglich wäre, den Hund nach einem solchen Vorfall zu behalten, hätten fünf Mio. Hunde an der Studie teilnehmen müssen, um wenigstens einen solchen Fall darunter zu finden.

Wir stellen also noch einmal fest: Hunde töten so gut wie nie einen Menschen und beißen uns tatsächlich auch nicht sehr oft. Wenn wir doch gebissen werden, werden wir dabei selten verletzt und falls doch, sind die Verletzungen selten schwerwiegend. Die einzige Frage ist demnach, ob wir etwas tun können, um die ohnehin bereits kleine Anzahl von Hunden, die fest genug zubeißen, wenn sie so aufgeregt sind, dass sie überhaupt beißen, weiter zu reduzieren. Vielleicht gelingt es uns durch selektive Zuchtvorgänge oder durch veränderte Aufzucht- und Trainingsmethoden oder durch beides. Und wenn es uns schließlich gelingt, die Anzahl der Beißvorfälle durch diese Methoden zu verringern, welche Rolle – wenn überhaupt – sollten dann öffentliche Maßnahmen spielen, um diese Methoden auch zu fördern?

KAPITEL VI
FALSCHE FRAGEN, FALSCHE ANTWORTEN: DER AKTUELLE FORSCHUNGSSTAND IN SACHEN HUNDEBISSE

Stellen Sie sich vor, Sie wollen herausfinden, warum manche Leute eher geschieden werden als andere. Sie laden also eine Gruppe von Menschen ein und stellen ihnen eine Reihe von Fragen über ihre besten Freunde, natürlich auch, ob diese geschieden sind und andere Dinge, von denen Sie glauben, dass sie einen Einfluss darauf haben, ob Menschen dazu neigen, sich scheiden zu lassen, wie zum Beispiel ihr Sternzeichen. Sie finden heraus, dass sich unter den Freunden der Menschen, die Sie befragt haben, mehr geschiedene Menschen mit dem Sternzeichen „Jungfrau" befinden als, sagen wir einmal, mit dem Sternzeichen „Fisch".

Sie wissen natürlich nicht, wie viele der befragten Personen überhaupt eine Ahnung haben, in welche Zeiträume die verschiedenen Sternzeichen fallen, wie viele vergessen haben, wann ihre Freunde Geburtstag haben, wie viele überhaupt nie wussten, wann ihre Freunde Geburtstag haben und nur glauben, von anderen gehört zu haben, dass der Freund dem Sternzeichen „Jungfrau" angehört, wie viele nur aus Spaß irgendeine Antwort geben und wie viele einfach bloß raten. Es ist sogar so, dass Sie nach deren Vermutung fragen, wenn sich die Befragten nicht sicher sind. Sie bemühen sich nicht, die Angaben über die glücklosen „Jungfrauen" zu überprüfen.

Sie wissen auch nicht, wie viele „Jungfrauen" es im Vergleich zu den anderen Sternzeichen sind. Nachdem Sie aber aus vielen verlässlichen Quellen wissen, dass Jungfrauen sehr pedantisch sind, beginnen Sie fröhlich darüber zu spekulieren, dass deren arme Ehepartner wahrscheinlich mit deren zwanghaften Ordnungssinn nicht zurechtkamen und sie deshalb verließen.

Der Stand der Forschung zum Beißverhalten verschiedener Rassen ist in etwa derselbe. Weil unter allen Studien zum Thema Beißverhalten das die Kategorie ist, in der die ungeheuerlichsten Fehleinschätzungen passieren und in der ohne Zweifel auch der meiste Schaden angerichtet wird, wollen wir uns ihr zuerst zuwenden.

Rassebestimmung – der ganz normale Wahnsinn

Ein solcher Versuch, nämlich beißende Hunde anhand ihrer Rasse zu identifizieren, wurde durchgeführt, indem die im Jahr 1991 in Denver amtlich registrierten Hundebisse untersucht wurden. Das breit publizierte Ergebnis der Forscher besagt, dass Chow Chows und Deutsche Schäferhunde im Vergleich zu anderen Rassen am häufigsten zubeißen.

Die angewandte Methode zur Feststellung der Rassezugehörigkeit ist allerdings problematisch. Zunächst wurden die Besitzer gebeten, die Rasse ihres Hundes anzugeben. Sie brauchen nur ein paar Mal auf den örtlichen Hundespielplatz zu gehen, um zu bemerken, dass die Angaben der Besitzer über die Rasse des eigenen Hundes bestenfalls als willkürlich bezeichnet werden können. Sogar Hundehalter mit eingetragenen Rassehunden geben manchmal falsche Antworten. Eine Dame in einer meiner Gruppen glaubte, ihr American Eskimo sei ein Shi-Tzu. Leute in meiner Straße wiederum bezeichnen ihre Shar Peis als Pit Bull Terrier.

Zudem machen reinrassige Hunde bzw. Hunde, die bei einem Züchter gekauft wurden, laut einer Studie der American Pet Products Manufacturers Association aus dem Jahr 2002, lediglich 29 % der gesamten Hundepopulation aus. Die Forscher in Denver beschlossen, wenn ein Interviewpartner seinen Hund als Mischling bezeichnet, die nach Meinung des Besitzers „vorherrschende" Rasse einzutragen. Man kann sich leicht vorstellen, dass diese Vorgehensweise zu einem exponentialen Anstieg an Fehlidentifikationen führt.

American Eskimo

Shih-Tzu

Shar Pei

Pit Bull Terrier

Es ist sehr wahrscheinlich, dass dadurch beispielsweise eine enorme Anzahl von Deutschen Schäferhunden die Studie bevölkert. Tatsächlich müssten sie laut der vorliegenden Daten dieser Studie in Denver mindestens so beliebt sein wie die Labrador Retriever. Seltsam nur, dass laut Register des American Kennel Clubs gerade mal ein Schäferhund auf drei Labrador Retriever kommt.

Die andere, sehr weit verbreitete Fehlidentifikation betrifft den Pit Bull Terrier. Doch da diese Rasse in Denver seit 1989 verboten ist, wird wohl niemand einem Fremden am Telefon freiwillig erzählen, dass er einen Pit Bull hat. Die Studie war auf Hunde beschränkt, die seit mindestens sechs Monaten bei ihrem Besitzer lebten, vor dem gemeldeten Zwischenfall noch nie jemanden gebissen hatten, die eine nicht zum Haushalt gehörende Person gebissen hatten, die medizinisch versorgt werden musste, und deren Besitzer ihre Telefonnummer auf dem Meldebogen angegeben hatten. Diese Vorgehensweise engte den Kreis auf ein Drittel aller gemeldeten Beißvorfälle in diesem Jahr ein, wobei wiederum nur die Hälfte der betreffenden Besitzer tatsächlich befragt werden konnten. Die Studie umfasste letzten Endes also lediglich 18 % aller gemeldeten Hundebisse des Jahres.

Es grenzt schon an Absurdität, eine solche Studie als repräsentativ in Bezug auf bissige Hunde zu bezeichnen, wenn auch nur für eine einzige Stadt. Zumal aus verschiedenen anderen Studien hervorgeht, dass lediglich zwischen 5 und 10 % der Hundebisse gemeldet werden. Obwohl die Leiter der Studie die meisten Schwachstellen in ihrer Arbeit selbst einräumten und zugaben, dass es kein statistisch relevanter Zusammenhang zwischen der Rasse Chow Chow und gebissenen Kindern besteht, empfahlen sie Tierärzten erstaunlicherweise dennoch, ihren Kunden vom Kauf eines Chow Chows oder Deutschen Schäferhundes abzuraten, besonders wenn Kinder zur Familie gehören. Sie gingen nicht so weit, ein Verbot bestimmter Rassen zu fordern. Kein seriöser Forscher tut das – das wird anderen überlassen.

Mehrere Versicherungsgesellschaften nahmen die Daten erfreut zur Kenntnis und verweigerten fortan Besitzern von Chow Chows und Deutschen Schäferhunden den Abschluss einer Haftpflichtversicherung. Manche schlossen sogar Akitas aus, von denen lediglich fünf Tiere in der Studie auftauchten! Manche Gesellschaften setzten auch Dobermänner auf die schwarze Liste, obwohl diese in der Studie gar nicht vorkamen. Die einzigen Studien, in denen auch diese Rasse erwähnt wird, sind bereits Jahrzehnte alt. Wir werden niemals wissen, wie viele Hunde, die ihr bisheriges Leben in einem liebevollen Heim verbracht hatten, aufgrund dieser Vorgehensweise getötet wurden. Die Ergebnisse in Bezug auf Rassen und tödliche Beißvorfälle sind noch schlimmer.

Rassemerkmale im Wandel der Zeit – der Versuch, eine sich ständig verändernde Wirklichkeit darzustellen

Die größte Studie, die sich mit tödlichen Beißvorfällen im Zusammenhang mit bestimmten Rassen beschäftigt, wurde von einer aus Experten des öffentlichen Gesundheitssystems und Tierärzten bestehenden Arbeitsgruppe durchgeführt und im Jahr 2000 im Journal of the American Veterinary Medical Association veröffentlicht. Sie weist einen überdurchschnittlich hohen Anteil an Pit Bulls, Rottweilern und Deutschen Schäferhunden auf.

Das größte Problem dabei ist natürlich, dass es überhaupt keinen Sinn macht, etwas so seltenes wie tödliche Beißvorfälle zu verallgemeinern. Um eine statistisch brauchbare Studie zu erstellen, müsste man die Fälle mehrerer Jahrzehnte zusammentragen. Für eine Spezies, die sich bereits innerhalb des ersten Lebensjahres fortpflanzen kann, ist das aus genetischer Sicht eine sehr lange Zeit. Balyaev brauchte beispielsweise nicht viel länger, um aus seinen wilden Füchsen knuddelige Haustiere zu machen. Natürlich können sich auch die Verhaltenscharakteristika einer bereits domestizierten Spezies wie dem Hund über einen solchen Zeitraum in alle Richtungen verändern.

Selbst innerhalb der winzigen, beschränkten Gen-Pools, aus denen die meisten Hunderassen mit Stammbaum schöpfen können, entdeckt man beim Vergleich von Fotos gekörter Hunde für gewöhnlich deutliche, manchmal sogar dramatische Veränderungen im Verlaufe eines Jahrzehnts, ganz sicher jedoch innerhalb von zwei Jahrzehnten. Diese Veränderungen basieren lediglich auf Selektion, ohne Einbringung von neuen Individuen, geschweige denn anderen Rassen, in den Gen-Pool.

Cattle Dog und Sheltie schrumpften, die Köpfe von Bulldogge und Rottweiler wurden so groß, dass manche Welpen per Kaiserschnitt geholt werden müssen, der Labrador Retriever wurde stämmiger und niedriger, viele Rassen wurden in englische und amerikanische Zweige unterteilt usw. Abgesehen von einigen rasseübergreifenden Eigenschaften – das Töten von Menschen gehört bei Haushunden definitiv nicht dazu – sind genetisch bedingte Eigenschaften einfach zu komplex, um sie über einen solch langen Zeitraum verallgemeinern zu können.

Er hat ein helles Fell, das muss ein Goldie sein

Die erwähnte Studie aus dem Jahr 2000, die den Zusammenhang zwischen Rassen und tödlichen Beißvorfällen thematisiert, bricht spätestens bei der unzuverlässigen Rasseidentifizierung in sich zusammen. Zum einen wurden bei mehr als einem Drittel der tödlichen Hundebisse keine Angaben zur Rasse gemacht, was ein großes Loch in die zur Auswertung benötigten Daten reißt. Problematischer ist jedoch, dass die Identifikationen zum größten Teil auf Basis von Zeitungsberichten beruhen, was wenig beruhigend ist.

Die Vorgehensweise bei der Bestimmung der Rassezugehörigkeit war hier noch irrwitziger als bei der oben genannten Studie in Denver. Die Rassen wurden von allen möglichen Zeugen bestimmt, also von einfachen Zuschauern, darunter auch Kinder, von Polizisten und Mitarbeitern des Veterinäramts. Damit Sie sich vorstellen können, wie zuverlässig solche Informationen sind, denken Sie bitte an die weiter oben erwähnten Zeitungsberichte zurück. Im Fall der Dame, die gebissen wurde, als sie einen Streit zwischen ihrem Akita und einem angeblichen Pit Bull Terrier schlichten wollte, machte sich der Journalist die Mühe, Fotos in einem Rassehundebuch nachzuschlagen. Er kam zu dem Schluss, dass der Akita eine Rasse sei, die aussieht „wie ein Deutscher Schäferhund".
Die Abbildungen auf der folgenden Seite geben Ihnen einen Eindruck vom äußeren Erscheinungsbild der beiden Rassen.

Alles, was ziemlich groß ist, zu den Hunden gehört und längeres Fell hat als ein Rottweiler sieht anscheinend aus „wie ein Deutscher Schäferhund"!

Zweifellos kann man nicht von jedem erwarten, dass er einen Hund anhand seiner äußerlichen Erscheinung einer Rasse zuordnen kann, selbst wenn er die Mög-

Akita

Deutscher Schäferhund

lichkeit hat, den Hund mit realitätsgetreuen Fotos der Rasse zu vergleichen. Ein Journalist sollte jedoch eine bessere Beobachtungsgabe haben.

In Bezug auf Pit Bull Terrier versucht die Studie zu tödlichen Beißattacken erst gar nicht, eine Rassebestimmung vorzunehmen. Es wird lediglich von „Hunden vom Pit Bull-Typ" gesprochen, die sowohl in der Kategorie „reinrassig" als auch in der Kategorie „Kreuzungen" auftauchen.

Auf die mit der gleichzeitigen Verwendung der Begriffe „Rasse" und „Pit Bull" in Zusammenhang stehenden Probleme werden wir im nächsten Kapitel näher eingehen. Im Moment genügt es, anzumerken, dass sowohl in den Tierheimen als auch in den Medien beinahe jeder mittelgroße bis große kurzhaarige Hund, der über einen stämmigen und muskulösen Körper oder einen Kopf mit kürzerem oder breiterem Fang als ein durchschnittlicher Labrador als Pit Bull bezeichnet wird. Außer er ist schwarz und braun, dann ist es ein Rottweiler. Außer er hat ein längeres Fell oder Stehohren, dann ist es ein Schäferhund-Mischling, unabhängig von Körperbau und Kopfform. Außer er hat einen Ringelschwanz und/ oder ein oder zwei blaue Augen, dann ist es ein Husky. (Im letztgenannten Fall ist wahrscheinlich eine auf dubiose Weise fortgeschrittene Beobachtungsgabe erforderlich.)

Die potenzielle Anzahl der Kreuzungen, auf die diese Beschreibungen zutreffen, ist immens, selbst wenn keine Mischlings-Kreuzungen einbezogen werden. Die Wahrscheinlichkeit, dass diese Kategorien dabei von Nutzen sind, eine genetische Prädisposition für ein bestimmtes Verhalten zu erheben, ist, höflich ausgedrückt, bescheiden. Ausgehend von der Vielzahl jener Hunde, die als Schäferhunde, Pit Bull Terrier oder Rottweiler „identifiziert" wurden, ist es wenig überraschend, dass sie in der Rangliste der Beißstudie die ersten Plätze belegen. Der direkte Zusammenhang ist in etwa so brauchbar, wie der Versuch, die Nationalitäten verschiedener Menschen anhand ihrer Haarfarbe zu bestimmen, wobei diese auch das einzige Unterscheidungskriterium ist.

In einer Zusatzstudie aus den Jahren 1997 und 1998 gaben dieselben Forscher bekannt, dass 67 % der 27 tödlichen Beißvorfälle in diesen zwei Jahren von Pit Bulls und Rottweilern verursacht wurden. Natürlich haben sie für diese Erkenntnis ihre eigenen Regeln etwas verbogen, denn der Grund, weshalb man grundsätzlich eher einen Forschungszeitraum von Jahrzehnten statt von wenigen Jahren wählt, ist, dass die Zahlen eines kürzeren Zeitraums statistisch nicht relevant sind. Eine der einfachsten Grundregeln für das Erstellen von Statistiken besagt, sich vor Prozentsätzen zu hüten, die größer als die tatsächlichen Zahlen sind, zum Beispiel wenn 16 Fälle 67 % von 100 sind.

Die Forscher verkündeten weiter, dass „im selben Studienzeitraum wohl kaum rund 60 % aller amerikanischen Hunde diesen Rassen (Pit Bull Terrier und Rottweiler) angehört haben werden", räumten aber ein, dass es einige Probleme mit den Daten gegeben hatte. Diese Anmerkung beruht auf der Annahme, dass die Registrierungszahlen des American Kennel Clubs (AKC) Rückschlüsse auf die tatsächlichen Anteile in Prozent einer Rasse, gesehen auf die gesamte Hundepopulation, zulassen.

Solche Hochrechnungen sind jedoch sehr weit hergeholt, zumindest in Bezug auf die Pit Bull Terrier. Im Jahr 2003 wurden allein in New Yorker Tierheimen 6.500 als Pitties identifizierte Hunde aufgenommen. Zum Vergleich: Im selben Jahr wurden in den gesamten Vereinigten Staaten 1.600 Staffordshire Terrier

Welpen beim AKC registriert (das sind zwei Zehntel aller registrierten Welpen). Da 30 bis 35 % aller Hunde, die in den vergangenen Jahren in einem Tierheim landeten, als Pit Bull Terrier identifiziert wurden (Rottweiler gar nicht mitgerechnet), könnte ich leicht behaupten, dass Hunde, auf die diese Beschreibung zutrifft, einen Großteil der gesamten Hundepopulation ausmachen. Ich stelle jedoch keine solche Behauptung auf, da ich einen gesunden Respekt vor durcheinander geratenen Variablen habe. Dieser Respekt scheint jedoch nicht sehr weit verbreitet zu sein.

Ich wette, Sie dachten, jemand zählt Hundebissverletzungen

Lassen wir einmal die Frage, welche Rassen Menschen am häufigsten beißen, beiseite und wenden wir uns der Forschungsarbeit insgesamt zu. Im großen und ganzen werden in den Studien, deren Ergebnisse von den Medien als seriös zitiert werden, zwei Hauptfragen gestellt. Die erste Frage ist, wie oft Hunde beißen sowie ob und wie sich das Beißverhalten im Laufe der Zeit geändert hat. Die zweite Frage ist, welche Hunde beißen, entweder mit Blick auf die Hunde selbst, auf ihre Besitzer oder auf das Verhalten von Besitzern oder Opfern.

Damit Forschungsergebnisse allgemein anerkannt werden können, müssen mehrere Wissenschaftler unabhängig voneinander dieselbe Studie durchführen und dabei zu denselben oder ähnlichen Ergebnissen kommen. In beiden Bereichen der Hundebiss-Forschung sind die Ergebnisse so breit gefächert, dass man sich leicht vorstellen kann, solche Parallelstudien hätten stattgefunden und das Thema Hundebisse sei vielfach und gründlich untersucht worden, aber nichts ist weiter von der Wahrheit entfernt, als diese Annahme. Im Laufe der Zeit gab es ein Sammelsurium verschiedener Studien zu diesem Thema, im Allgemeinen bezogen sie sich jedoch lediglich auf ein eingeschränktes geographisches Gebiet oder befassten sich nur mit einem kleinen Aspekt des Problems.

Wenn sich mitten im Spiel die Regeln ändern

Die das ganze Land betreffenden Zahlen, die man wieder und wieder liest, beziehen sich auf die erste Frage – wie oft beißen Hunde – und sind das Ergebnis einer Handvoll Einzelstudien. Noch schlimmer ist, dass die beiden einzigen großen Studien, die jemals durchgeführt wurden, oftmals als Beweis für einen Anstieg (36 %) von Bissverletzungen angeführt werden, einfach weil die Studie mit dem höheren Ergebnis acht Jahre nach der anderen Studie durchgeführt wurde. Die beiden Studien wurden jedoch auf völlig unterschiedliche Weise erhoben. Sogar Verletzungen wurden unterschiedlich definiert. Die eine ermittelte 585.000 Hundebissverletzungen pro Jahr, die andere 800.000. Man mag beschließen, einer der beiden Studien mehr Glaubwürdigkeit zuzubilligen, man kann sie allerdings definitiv nicht als Beweis für eine Veränderung heranziehen.

Und es gibt weitere Probleme. Natürlich basieren all diese Studien auf Stichproben. Um ohne Stichproben Datenmaterial zusammentragen zu können, gäbe es nur die Möglichkeit, im ganzen Land von Tür zu Tür zu gehen und Fragen zu stellen, wie es die Regierung alle zehn Jahre bei der großen Volkszählung macht. Jeder akzeptiert also, dass statistische Untersuchungen keine absolute Sicherheit bieten können.

Was ist das Gegenteil von sicher?

Statistiker haben einen Weg gefunden, den Unsicherheitsfaktor in Zahlen auszudrücken, der Fachausdruck dafür lautet Vertrauensbereich. Er bezeichnet im Grunde eine Bandbreite statistisch plausibler Zahlen. Der Vertrauensbereich gibt Aufschluss darüber, welche Bandbreite an Ergebnissen zu erwarten sind, wenn man seine Daten immer und immer wieder nach derselben Methode sammeln würde. Ein kleiner Vertrauensbereich bedeutet, dass die Bandbreite plausibler Werte gering und das Vertrauen in das Ergebnis sehr hoch ist. Ein großer Vertrauensbereich bedeutet das Gegenteil.

Bei den erwähnten beiden Studien zum Thema Bissverletzungen sind die Vertrauensbereiche in der Tat sehr groß. Bei der Studie von 1994, die zu dem Schluss kommt, dass 800.000 Menschen wegen eines Hundebisses medizinisch versorgt werden mussten, lag der statistisch plausible Bereich zwischen 345.039 und 1.168.363 Fällen! Noch einmal: Das heißt, dass ein Statistiker sehr überrascht wäre, wenn er bei der Wiederholung dieser Studie nach der selben Methode am Ende ein Ergebnis unter 345.000 oder über 1.168.000 bekäme. Alles dazwischen wäre völlig in Ordnung. Bei der Studie von 1986 mit einem Resultat von 585.000 Fällen lag der Vertrauensbereich zwischen 226.000 und 944.000. Wir bewegen uns also in einem Bereich von einer dreiviertel Million Fällen hin oder her!

Ein Licht im Datenwald – die Notaufnahmeakten

Die einzige realitätsnahe und konstant durchgeführte Datensammlung zu Bissverletzungen stammt aus den Notaufnahmen von Krankenhäusern. Zwei Studien (eine auf Grundlage der Krankenhausakten von 1994, die andere wurde 2001 vom National Center for Injury Prevention and Control Department durchgeführt), die auf diesen Daten basieren, verzeichnen einen winzigen 1 %igen Anstieg von Bissverletzungen im Verlauf der dazwischen liegenden sieben Jahre. Allen Schätzungen nach stieg im gleichen Zeitraum jedoch auch die Hundepopulation insgesamt. Und während die Vertrauensbereiche beider Studien klein genug sind, um, sagen wir, Vertrauen erweckend zu erscheinen, sind sie doch groß genug, sich zu überschneiden; 1 % ist ein äußerst kleiner Spielraum! Mit anderen Worten: Statistisch gesehen kann es also durchaus sein, dass gar kein Anstieg von Bissverletzungen vorliegt.

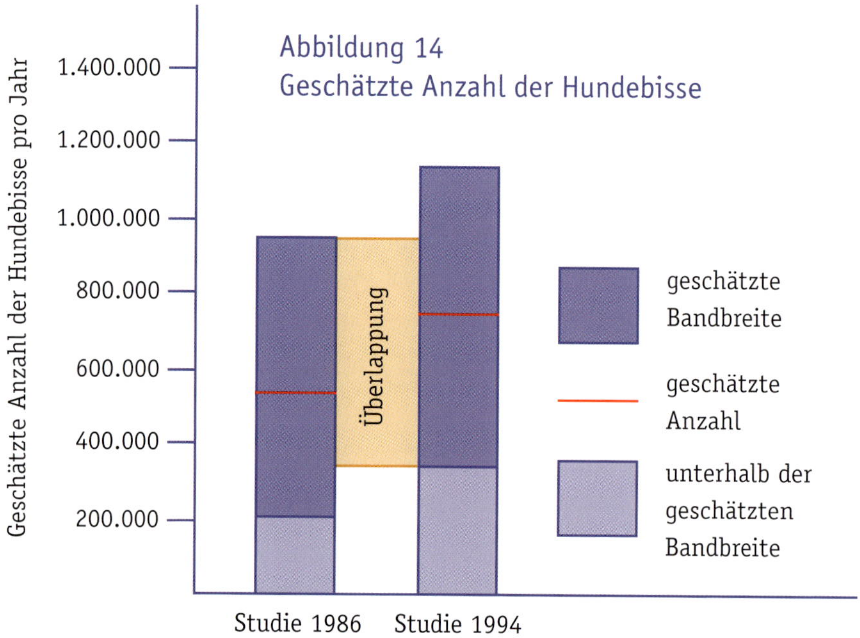

Abbildung 14
Geschätzte Anzahl der Hundebisse

Ein Vergleich dieser beiden Studien wird oftmals als Beweis dafür herangezogen, dass es in den USA zwischen 1986 und 1994 einen Anstieg von Bissverletzungen durch Hunde in Höhe von 36 % gegeben hat; nämlich von 585.000 Verletzungen im Jahr 1986 auf 756.701 (aufgerundet auf 800.000) im Jahr 1994. Diese Zahl mag riesig erscheinen, in Wahrheit stellt sie jedoch lediglich eine Schätzung dar (wissenschaftliches Raten), die auf einigen wenigen Stichproben beruht. Die 585.000 Hundebissverletzungen aus dem Jahr 1986 basieren auf sechs tatsächlich verifizierten Fällen, jene aus dem Jahr 1994 auf ganzen 38. Aus solch kleinen Fallzahlen allgemeingültige Zahlen hochzurechnen, ist sehr ungenau, weshalb Statistiker eine Bandbreite möglicher Ergebnisse berechnen. Je geringer diese Bandbreite ist, desto größer ist die Wahrscheinlichkeit, dass die Berechnungen der Wahrheit nahekommen. Je größer diese Bandbreite ist, desto wahrscheinlicher ist es, dass diese Zahlen nicht der Wahrheit entsprechen. Weil beide Berechnungen auf einer sehr kleinen Zahl tatsächlicher Fälle basieren, sind die Bandbreiten sehr groß und überlappen sich. Ein Vergleich der beiden Studien sagt also nichts darüber aus, ob die Anzahl von Hundebissen nun tatsächlich angestiegen, zurückgegangen oder gleich geblieben ist. Die Bandbreiten der beiden Studien lassen sogar Wahlumfragen akkurat erscheinen.

Die hier angewandte Erhebungsmethode schafft auch noch aus anderen Gründen mehr Vertrauen in die Ergebnisse der Studien. Sie basiert auf Berichten zu Vorfällen, die unmittelbar Eingang in die Aufnahmeakten der Krankenhäuser fanden. Die Verletzungen wurden also tatsächlich dokumentiert. Alle anderen Studien verlassen sich auf das Gedächtnis und die Glaubwürdigkeit der Befragten sowie auf die Bereitschaft, Fragen zu Vorfällen zu beantworten, die zu einer medizinischen Versorgung oder zu Einschränkungen im täglichen Leben führten. Die Aufzeichnungen der Notaufnahmen haben den weiteren Vorteil, dass in ihnen sicherlich die meisten schweren Verletzungen enthalten sind – denn wenn man schwer verletzt ist, fährt man eben in die Notaufnahme. Außerdem ist ein typischer Hundebiss meist weniger schwer, als ein Großteil der in der Notaufnahme behandelten Verletzungen.

Auch wenn die Notaufnahmen natürlich nicht alle medizinisch behandelten Bissverletzungen erfassen können, beinhalten die Aufzeichnung jedoch ganz sicher die Verletzungen, bei denen man sich Sorgen machen muss. Tatsächlich sind die meisten Verletzungen durch Hundebisse so geringfügig, dass sie nirgendwo registriert worden wären, wenn sie auf andere Art zustande gekommen wären. Leider werden Hundebisse, die keine oder nur geringfügige Verletzungen nach sich ziehen, mit den extrem seltenen schweren Fällen in einen Topf geworfen. Kaum die Voraussetzungen für eine Krise.

Kurzmeldung: Versuchen Sie nicht, den Hund zu streicheln, der an der Kette liegt und Sie anknurrt

Soviel dazu, wie viele Menschen von Hunden gebissen werden. Wie steht es nun mit der Frage, welche Hunde beißen? Die Studie aus Denver versucht, sich dieses Themas anzunehmen. Wie bereits erwähnt, hat die Studie zu große Schwächen, um Verallgemeinerungen über irgendeine große Gruppe beißender Hunde zuzulassen. Demographische sowie verhaltensbezogene Fragen der Studie haben sicher eine größere Chance, richtig beantwortet zu werden, als die zur Identifikation der Rasse. Leider führen sie nicht zu Vorschlägen, wie man Hundebisse verhindern könnte.

Die Forscher fanden beispielsweise heraus, dass die Hunde, die gebissen hatten, eher an der Kette lagen als die, die nicht gebissen hatten. Das bedeutet jedoch keinesfalls, dass die Hunde gebissen hatten, weil sie an der Kette sind. Es könnte bedeuten, dass es keine gute Idee ist, sich einem Hund zu nähern, den man nicht kennt und der an der Kette liegt, aber schauen wir der Sache doch ins Gesicht: Das ist wohl eher eine Frage des gesunden Menschenverstandes. Beißende Hunde leben eher in Familien mit Kindern. Heißt das nun, Familien mit Kindern sollten keine Hunde haben oder Familien mit Hunden keine Kinder?

Das eine Tier beißt in die Hand, die es füttert – das andere den Fremden, der es anfasst

Sie erinnern sich vielleicht daran, dass die Studie aus Denver lediglich Fälle beinhaltete, bei denen eine nicht zum Haushalt gehörende Person gebissen wurde. Diesen Hunden wurde eine Kontrollgruppe von Hunden gegenübergestellt, die noch nie eine solche Person gebissen hatten. Interessant ist, dass die Hunde beider Gruppen (also diejenigen, die nicht zum Haushalt gehörende Personen gebissen hatten und jene der Kontrollgruppe) genauso oft nach Haushaltsmitgliedern geschnappt oder sie gebissen hatten. Und sie knurrten auch beide genauso häufig Besucher an oder schnappten nach ihnen, oder bellten Vorbeigehende an (innerhalb des statistischen Fehlerspielraums).

Das lässt annehmen, dass das Anknurren von und das Schnappen nach Besuchern nicht notwendigerweise auch zum Beißen führt. Man könnte auch annehmen, dass Hunde, die Fremde beißen (vielleicht sogar Fremde, denen sie in der Öffentlichkeit begegnen) deshalb nicht häufiger oder weniger häufig ihnen bekannte Menschen beißen, als diejenigen, die keine Fremden beißen. Leider schließt die Definition der nicht zum Haushalt gehörenden Personen sowohl bekannte als auch unbekannte Personen ein, also können wir es nicht

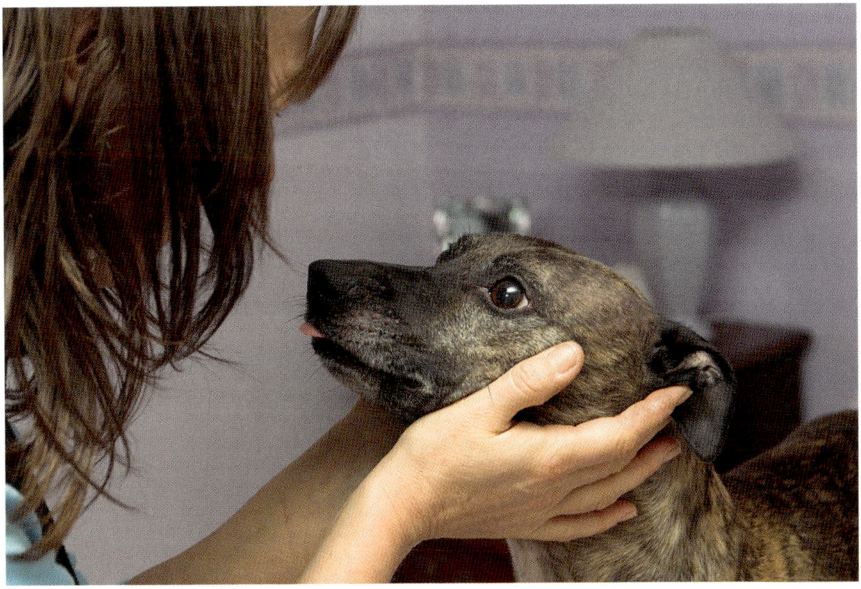

Diesem Hund ist es sichtlich unangenehm, von seiner Besitzerin so fest gehalten und mit den Augen so direkt fixiert zu werden.

mit Sicherheit sagen. Letztlich ist es so, dass die am häufigsten zitierte Studie in Bezug auf Hundebisse zum einen mit Stichproben arbeitet, die nicht sonderlich überzeugend sind und zum anderen mit Variablen, die nicht wirklich nützlich sind. Das Ganze ist ein ziemlich hoffnungsloser Fall.

Wie im vorigen Kapitel erwähnt, gibt es ein paar Studien, die auf Ansätze hoffen lassen, die es ermöglichen, eine Antwort auf die Frage zu finden, welche Hunde am wahrscheinlichsten beißen werden. Eine Studie mit über 2.000 Hunden (erschienen im Journal of Applied Animal Welfare Science), ließ deren Besitzer einen sorgfältig ausgearbeiteten Fragebogen zum Auftreten von 127 sehr spezifischen Verhaltensweisen bei ihren Hunden beantworten. Die beiden Verhaltensforscher Goodloe und Borchelt fanden wenig überraschend heraus, dass Hunde, die knurrten oder die Zähne fletschten, wenn sie angefasst und an die Leine gelegt oder wenn sie beim Fressen gestört wurden, eher ihre Besitzer bissen, als diejenigen, die das nicht taten.

Auf der anderen Seite entlarvte die Studie einige der am weitesten verbreiteten Märchen über Hunde und stellte fest, dass Tauziehen oder andere raue Spiele die Wahrscheinlichkeit des Auftretens aggressiven Verhaltens nicht erhöhen, ebenso wenig wie das Schlafen des Hundes im Bett des Besitzers.

Sie stellten interessanterweise zudem fest, dass das Knurren als Warnsignal weniger Voraussagekraft hatte, wenn es einem Fremden galt, als gegenüber der eigenen Familie.

Diese Studie gab nicht vor und versuchte es auch nicht vorzugeben, repräsentativ für die gesamte Hundepopulation zu sein oder Kausalzusammenhänge zwischen einzelnen Verhaltensweisen herzustellen. Das Ziel war lediglich, festzustellen, welche Verhaltensweisen die Tendenz haben, in Kombination aufzutreten.

Die weiter oben erwähnte kanadische Studie (geleitet von Guy vom Atlantic Veterinary College und Luescher von Purdue) ist bis heute die wohl repräsentativste groß angelegte Studie über Haushunde. Sie umfasst die Daten von über 3.000 Hunden, das sind 84 % aller Patienten, die insgesamt 20 Tierkliniken in drei kanadischen Provinzen im Laufe eines Monats besuchten.

Die Erkenntnisse darüber, welche Hunde beißen, waren im Hinblick möglicher Vermeidungsstrategien eher enttäuschend. Man fand heraus, dass kleine, kastrierte Hündinnen etwas häufiger beißen als Rüden oder nicht kastrierte Hündinnen. Leicht erhöht war die Wahrscheinlichkeit auch bei Hunden, die in einem Haushalt mit Teenagern leben und bei solchen Tieren, die wegen einer scheußlich juckenden und brennenden Funktionsstörung der Haut behandelt wurden.

Über die Zusammenhänge zwischen dem Beißverhalten und den erwähnten Faktoren konnten die Forscher nur spekulieren. Hauterkrankungen bei Hunden werden zum Beispiel meist mit Kortikoiden behandelt, von denen bekannt ist, dass sie die Reizbarkeit und Aggressionsbereitschaft mancher Hunde erhöhen können. Außerdem kann allein schon die Hauterkrankung selbst eine Reizaggression hervorrufen, vor allem wenn sie mit einer oftmals schmerzhaften Behandlung verbunden ist.

Es ist jedoch wirklich wichtig, sich ins Gedächtnis zu rufen, wie oft die Forscher aggressives Verhalten aufzeichneten, das zu Verletzungen führte: 41 % der Hunde hatten ein Familienmitglied oder eine ihnen gut bekannte Person angeknurrt oder die Zähne gefletscht. Trotzdem hatten nur 15 % tatsächlich zugebissen, und von diesen hatten wiederum nur 9 % (oder ca. 1 % aller untersuchten Hunde) fest genug zugebissen, um eine Verletzung zu verursachen, die medizinisch versorgt werden musste.

Die Forscher stellten zudem fest, dass Besitzer von großen Rüden Bissverletzungen eher als schwer einstufen, obwohl sie üblicherweise nicht schwerer sind als diejenigen, die eine Hündin oder ein kleiner Hund verursacht. Das mag vielleicht erklären, weshalb so oft Rüden als häufigste Übeltäter und große Hunde als diejenigen dargestellt werden, die den meisten Schaden anrichten.

Faszinierenderweise wurde in einer Studie, bei der vermutlich wenigstens ein Tierarzt zur Unterstützung bei der Rassebestimmung hinzugezogen worden war, festgestellt, dass Golden Retriever Haushaltsmitglieder genauso häufig beißen wie Schäferhunde.

Golden Retriever beißen Haushaltsmitglieder genauso häufig wie Schäferhunde.

Bis jetzt können wir also sagen, dass die meisten, wenn nicht sogar alle Hunde, wie die meisten, wenn nicht sogar alle Menschen, von Zeit zu Zeit drohen – mit Knurren, Zähnefletschen oder einer erhobenen Stimme. Aber nur eine kleine Anzahl von Hunden beißt zu, wahrscheinlich weniger als Menschen tatsächlich zuschlagen. Und noch weniger verursachen, genau wie Menschen, schwere Verletzungen.

Wir wüssten vielleicht mehr, wenn Studien wie die von Guy und Luescher auf Bisse gegenüber Fremden und die Form von Mensch-Hund-Interaktionen, wie sie von Goodloe und Borchelt beschrieben werden, ausgedehnt werden könnten. Auf diese Weise würden wir möglicherweise Erkenntnisse über die problematischsten Situationen erhalten. Dann könnten wir Hunde züchten und trainieren, die mit diesen Situationen gut zurechtkommen.

Solange sind die schlechtesten Studien die, die am häufigsten veröffentlicht werden, was zu undurchdachten öffentlichen Maßnahmen führt, die für viele Hunde und für die Menschen, die sie lieben, tragische Auswirkungen haben.

KAPITEL VII
FÜR JEDES SCHWIERIGE PROBLEM GIBT ES EINE EINFACHE LÖSUNG. UND DIE IST FALSCH: HUNDEGESETZE

Es mag einige Dinge geben, die die Häufigkeit von Bissverletzungen verringern könnten. Gesetze gegen gefährliche Hunde, die im Moment angedacht werden, gehören sicher nicht dazu. Es gibt einfach keinen Grund, anzunehmen, dass die momentanen Ansätze hinsichtlich der Gesetze gegen gefährliche Hunde irgendetwas dazu beitragen könnten, die Anzahl von Bissverletzungen zu verringern. Im Moment existieren zwei verschiedene Gesetzesentwürfe. Einer basiert auf der körperlichen Erscheinung der Tiere, der andere auf Beweisen für aggressives Verhalten.

Da der erste Ansatz offensichtlich der gefährlichere ist, wenden wir uns ihm zuerst zu. Hier geht es natürlich um das Verbot bestimmter Rassen. Es gibt viele Gründe, weshalb keine Hoffnung besteht, dass solch ein Gesetz etwas verändert. Ich werde mich hier mit den zwei Gründen beschäftigen, die ich für die wichtigsten halte.

Wie wir schon im letzten Kapitel gesehen haben, sind die vorgelegten Beweise für die Verwicklung gewisser Rassen in Beißvorfälle mit und ohne Verletzungen hoffnungslos fehlerhaft. Genauso gut könnten wir wieder auf die Phrenologie zurückgreifen und anhand der Schädelformen auf kriminelles Verhalten bei Menschen schließen. Es ist interessant, dass kein seriöser Forscher, der solche Studien durchführt, Rasseverbote empfiehlt; dennoch tragen Forscher eindeutig zu dieser Entwicklung bei.

Sie sind blond, Sie müssen Schwede sein

Ich kannte einmal einen schrulligen, gutmütigen, nordisch aussehenden Hund namens Fred. Er liebte es, Eiswürfel aus Trinkgläsern zu fischen, zu jodeln und sein Geschäft an vertikalen Flächen zu verrichten. Die Leute, darunter sogar Besitzer von Alaskan Malamutes, machten mir immer wieder Komplimente, was für ein hübscher Vertreter seiner Rasse er doch wäre. Ich kannte seine Eltern: Seine Mutter war ein Samoyede, sein Vater ein Langhaar Collie (wie Lassie). Es gibt überhaupt keine Annahme dafür, dass Fred mehr von der DNA eines Alaskan Malamutes in sich hatte als zum Beispiel von der eines Beagles.

Zugegeben, Fred war ein besonderer Fall. Oftmals ist es wirklich möglich, ein Individuum anhand seines Aussehens als mögliches (niemals sicheres) Mitglied einer bestimmten Rasse zu identifizieren, wenn es viele physische Merkmale der Rasse besitzt, besonders wenn einige der Merkmale (oder eine Kombination davon) einzigartig sind oder wenn es unwahrscheinlich ist, dass sie zufällig in dieser Kombination vorkommen. Das gilt jedoch nur für Hunde mit Stammbaum, und dann nur für diejenigen, die eng mit Show-Hunden verwandt sind, deren Züchter die Hunde nach physischen Merkmalen selektieren, die der Rassebeschreibung entsprechen – eine Praxis, die dem Versuch gleich kommt, Wasser in einem Sieb zu sammeln. Bei Hunden aus Hobbyzuchten oder gar aus Zuchtfabriken kann alles Mögliche passieren.

Eine visuelle Identifikation der Rasse ohne die dazugehörigen Zuchtpapiere ist äußerst problematisch. Man könnte ebenso gut annehmen, zwei Menschen von ähnlicher Größe, Gestalt und Hautfarbe seien miteinander verwandt, wie zwei Hunde, die sich sehr ähnlich sind, derselben Rasse angehören.

Eines der eindrücklichsten Beispiele in der Hundewelt dafür ist der Deutsche Schäferhund. Diejenigen von uns, die mit Hunden arbeiten, neigen dazu, jeden schwarz-braunen Hund als DSH-Mischling zu kategorisieren (es sei denn, er hat ein sehr flaches Gesicht oder ein extrem kurzes Fell). Das gehört zum Spiel, die Herkunft von Mischlingshunden zu erraten. Eigenartigerweise setzen wir fast immer nur zwei beteiligte Rassen voraus (oder eine „vorherrschende“)! Dabei ist es viel wahrscheinlicher, dass die Vorfahren eines Mischlings bereits die Gene vieler verschiedener Rassen in sich tragen, es sei denn, man hätte alle Kreuzungen bereits in der ersten Generation beseitigt.

Man braucht nicht mehr als eine vage Erinnerung an das, was wir in der Schule über den Genetiker Gregor Mendel und seine Fruchtfliegen gelernt haben, um zu wissen, dass viele verschiedene Wege zum gleichen Aussehen führen. Deshalb nehme ich an (zumindest hoffe ich es), dass viele von uns die Bezeichnung „DSH-Mischling“ nur als eine Art Kurzbeschreibung für Mischlinge mit Ähnlichkeit zum Schäferhund verwenden und damit nicht eine tatsächliche Hypothese hinsichtlich der Vorfahren aufstellen wollen.

Die Kurzbezeichnungen von Insidern werden jedoch irgendwann unweigerlich von Jedermann übernommen. Es ist sehr wahrscheinlich, dass diese Art von flapsiger Bezeichnung zu einer vorgeblich exakten Rasseidentifikation geführt hat. Dies mag auch der Grund für die scheinbare „Überrepräsentation“ von Deutschen Schäferhunden oder DSH-Mischlingen in den Beiß-Statistiken sein.

Besonders extrem ist dieses Problem in Bezug auf die am häufigsten von Gesetzen gegen Hunde betroffenen sogenannten Pit Bulls. Enorm viele Hunde weisen Ähnlichkeiten mit den echten Vertretern dieser Rasse auf. Der Selektionsverlauf dieser Hunde ist vollständig undokumentiert. Es ist schlicht nicht möglich, erhöhtes Aggressionspotenzial (oder sogar Beißpotenzial), besonders gegenüber Menschen, basierend auf einer oberflächlichen Ähnlichkeit zum Beispiel mit einem American Staffordshire Terrier vorauszusagen.

Bull Terrier und Staffordshire Terrier in solche Gesetze mit einzubeziehen ist schlichtweg dumm. Beide Rassen sind relativ selten, aber gut erkennbar. Im Profil zeigt der Bull Terrier eine ausgeprägt römische Nase. Der Staffordshire Terrier hat einen sehr kleinen Körperbau. Keiner der beiden hat Ähnlichkeit mit den Hunden, die in zwielichtigen Vierteln von jungen Männern spazieren geführt werden.

Beim AKC werden nur etwa 1.600 American Staffordshire Terrier-Welpen pro Jahr registriert (die Rasse, die dem allgemeinen Bild des Bull Terriers am ehesten entspricht). Zur Zeit zeigen diese mit einem Stammbaum ausgestatteten American Staffordshire Terrier nicht einmal gegenüber anderen Hunden ein höheres Aggressionspotenzial als zum Beispiel eine Bulldogge oder ein Boxer. Der AKC droht vernünftigerweise mit sehr hohen Strafen, wenn auch nur der Hauch eines Verdachts besteht, dass Hundekämpfe durchgeführt werden.

Das Aussehen eines Pit Pulls kann außerdem entstehen, wenn eine der Mastiff-Rassen mit einer anderen Kurzhaar-Rasse gekreuzt wird, oder ein Boxer mit einer Rasse mit einer etwas weniger flachen Schnauze. Dies sind nur die offensichtlichsten Kombinationen, es gibt noch viele andere, die ebenfalls zu einem „Pit Bull ähnlichen Äußeren" führen können. Absolut nicht miteinander verwandte Hunde können einander, wie absolut nicht miteinander verwandte Menschen auch, durchaus ähnlich sehen.

Es gibt einige interessante neue Forschungsarbeiten, die hoffen lassen, künftig die Vorfahren von Mischlingshunden identifizieren zu können. Niemand behauptet jedoch, dass es bald möglich wäre, spezielle Gene mit besonderen Verhaltenstendenzen in Zusammenhang zu bringen. Und es schlägt niemand vor, Rasseverbote mittels DNA-Analyse durchzudrücken.

Die meisten Rasseverbote sind so wirr formuliert wie jenes aus Denver: „...[verboten ist] jeder Hund, welcher ein American Pit Bull Terrier, American Staffordshire Terrier, Staffordshire Bull Terrier ist oder einer Rasse angehört, die die überwiegenden physischen Eigenschaften einer oder mehrerer der oben genannten Rassen teilt, oder die charakteristischen Kennzeichen trägt, die den Standards des American Kennel Club oder des United Kennel Club für eine der oben angeführten Rassen entsprechen."

Ich weiß nicht, was mit einem Hund gemeint ist, der einer dieser Rassen „ist", außer dass er eben die physischen Eigenschaften der jeweiligen Rasse besitzt. Vielleicht bezieht sich diese Formulierung auf registrierte Hunde, die so nachlässig gezüchtet wurden, dass sie kaum mehr dem Rassestandard entsprechen. Und was die „charakteristischen Kennzeichen" betrifft, so listet der AKC für einen American Staffordshire nicht weniger als 59 physische Eigenschaften auf.

Ich nehme an, dass sich die „charakteristischen Eigenschaften" auf physische Merkmale beziehen, denn die in den Zuchtrichtlinien beschriebenen Verhaltensmerkmale umfassen Eigenschaften wie „Zutraulichkeit, Lebensfreude", „möchte gefallen", „kinderlieb" etc. Ein Verbot von Hunden mit solchen Eigenschaften wäre wohl zumindest als bizarr zu bezeichnen.

Sie werden rund 30 dieser Eigenschaften („eine Mehrzahl") in allen möglichen Rassen finden; angefangen vom Dalmatiner über Labrador Retriever und Boston Terrier bis hin zum Dobermann. Dasselbe gilt für den American Pit Bull Terrier und den American Staffordshire Terrier. Außerdem ist es mathematisch unmöglich, dass ein Hund die meisten dieser Eigenschaften einer oder mehrerer dieser Rassen in sich vereint. Dafür gibt es zu wenig Überschneidungen in den Zuchtstandards.

Wesenseigenschaften wie „zutraulich" und „kinderlieb" findet man in den Rassebeschreibungen vieler Hunde, die ansonsten weder äußerlich noch charakterlich vergleichbar sind.

Man darf also raten, was dieser Teil des Rasseverbots-Gesetzes zu bedeuten hat. Es ist jedoch selten gut, wenn ein Gesetz so weitmaschig ausgelegt ist, dass praktisch jeder darin hängen bleibt.

Natürlich gibt es Kriminelle, die Hunde mit unterschiedlichen Kombinationen von physischen Eigenschaften aussuchen, um sie speziell für Hundekämpfe zu züchten. Und es gibt Idioten, die neophobische Hunde züchten. Während man die Letztgenannten eher als kriminell denn als dumm bezeichnen sollte, betrifft das Problem jedoch nicht nur diese Rassen – man denke nur an die Liebhaber Kaukasischer Schäferhunde.

Gegen den Strom der Evolution

Die Züchter von Kampfhunden bzw. von extrem ängstlichen Hunden schwimmen gegen den Strom der Evolution dieser Spezies. Während der letzten 15.000 bis 135.000 Jahre war der Anpassungsdruck meist so groß, dass sich aggressives Verhalten eher verringert als verstärkt hat. (Derzeit existieren zwei sich widersprechende DNA-Studien, die unterschiedliche Zeitrahmen für die Domestizierung des Hundes angeben, daher die große Differenz.) Unfreundliche Hunde und solche, die Menschen verletzten, wurden für gewöhnlich getötet.

Das bedeutet, dass es heute relativ einfach ist, einem Hund ein schwächeres Aggressionspotenzial anzuzüchten, da der Spielraum in diese Richtung größer ist. Es ist jedoch schwierig, den Aggressionslevel konstant hoch zu halten; dies erfordert eine strenge Einhaltung der Zuchtrichtlinien. Wenn man den Selektionsdruck nicht aufrecht erhält, werden die Tiere die normale Freundlichkeit gegenüber Menschen entwickeln. Ganz eindeutig gibt es jedoch Menschen, die nicht intelligenter sind als diejenigen, die Rasseverbote erteilen, und die Hunde nach dem Aussehen von Pit Bulls züchten, um die Welpen an uninformierte Menschen mit üblen Absichten zu verkaufen. Und ganz eindeutig ist die Zahl der Hunde mit diesem Aussehen explodiert, seit sich die Gesetze hinsichtlich der Rasseverbote ausbreiten.

Das Verbot dieser Hunde führt zu einem mystifizierten Image, das sie als extrem aggressiv darstellt, womit sie für Menschen, die diese Eigenschaft an Hunden besonders schätzen, an Attraktivität gewinnen. Und es sind gerade diese Menschen, die die Hunde vermutlich schlecht behandeln und ihr aggressives Verhalten noch fördern. Niemand denkt, es gäbe jetzt weniger Pit Bulls als zur Zeit vor den Rasseverboten.

Pit Bull-Welpe

Stellen wir uns eine Fantasiewelt vor, in der wir tatsächlich genetisch eine Gruppe eng miteinander verwandter Hunden definitiv der Rasse der Pit Bull Terrier zuordnen und in der wir feststellen können, wie viele dieser Hunde es tatsächlich gibt. Es stellt sich heraus, dass, verglichen mit anderen Hunden, ein größerer Prozentsatz von ihnen Menschen beißt und verletzt. Wir stellen fest, dass diese Neigung, jemanden zu verletzen, nicht auf vorsätzlich schlechte oder inkompetente Haltung oder Trainingsmethoden zurückzuführen ist. Nun stellen wir uns vor, wir könnten ein Gesetz durchbringen, das diese Hunde verbietet. Letzteres ist wohl die absurdeste aller Vorstellungen, da eine Vollstreckung nicht nur unanständig viel Geld verschlingen, sondern auch einen Eingriff in unsere Bürgerrechte darstellen würde, der nicht einmal in unserer heutigen Zeit einfach so akzeptiert würde.

Um des Friedens unserer Alternativwelt willen stellen wir uns trotzdem vor, dass wir all diese Hunde einfach eliminieren könnten. Das Endergebnis: Es würde keinen Unterschied machen.

Aus Snoopy wird Cujo

Es braucht nicht viel Verstand, um streitbare Hunde zu züchten, weder viel Zeit, noch viel Geld. Wer solche Hunde züchten möchte (und diese Menschen gibt es offensichtlich), muss lediglich den streitbarsten Welpen eines Wurfes irgendeiner Rasse auswählen, um ihn mit einem ähnlich streitbaren Artgenossen zu verpaaren. Wer wirklich ernsthaft auf Aggression hin züchten will, wird die physischen Merkmale breit variieren, um es der „Hundepolizei" nicht zu leicht zu machen. Und spätestens in drei oder vier Jahren wären wir wieder dort, wo wir angefangen haben.

Man muss nicht extra betonen, dass die bewusste Nichtsozialisierung und das Scharfmachen bei Hunden aller Rassen funktioniert. Man muss nur die Prinzipien für eine verantwortungsvolle Welpenaufzucht ins Gegenteil verkehren. Das Gewaltpotenzial eines Hundes wird sicherlich erhöht, wenn er als Welpe nur wenig mit Menschen zu tun hat. Und wenn der Hund regelmäßig dazu gebracht wird, zu knurren, die Zähne zu fletschen, zu schnappen und zu beißen und anschließend für dieses Verhalten belohnt wird, wird er in Zukunft schneller knurren, die Zähne fletschen, schnappen oder beißen. Natürlich ist es eine absurde Übertreibung, einen Hund als eine Art „Waffe mit Fell" zu bezeichnen, aber jeder Hund kann lernen, ein Beißer zu werden. Es ist viel leichter, im eigenen Hinterhof einen extrem aggressiven Hund zu züchten, als sich mit dem Inhalt des Werkzeugkastens eine Pistole zu basteln.

Ist der Homo sapiens die gefährlichste aller Züchtungen?

Die bisher einzige Studie zu Beißvorfällen vor und nach Einführung eines Rasseverbotes wurde Mitte der 90er Jahre in Großbritannien durchgeführt und zeigt, dass das Rasseverbot keinerlei Wirkung hatte. Die Wissenschaftler am Krankenhaus Aberdeen Royal Infirmary fanden jedoch heraus, dass „Bissverletzungen durch Menschen genauso häufig sind wie Bissverletzungen durch die am häufigsten in Beißvorfälle verwickelte Hunderasse". Menschen beißen also genauso oft wie irgendwelche Rassehunde.

Und das sind nur die registrierten Bissverletzungen. Vorfälle wie der, von dem mir kürzlich berichtet wurde, sind in dieser Studie sicher nicht enthalten: Einer Mutter wurde von ihrem zehn Monate alten Sohn, der gerade mal dreieinhalb Zähne im Mund hatte, durch ihr Hemd hindurch eine Bissverletzung der Stufe drei zugefügt (laut Skala zur Schwere von Bissverletzungen von Dr. Ian Dunbar weist eine Bisswunde der Stufe drei verletzte Haut und Blutergüsse auf). Dass dieser Fall nicht registriert wurde, sollte jenen zu denken geben, die sich darüber beschweren, dass wir alle zu nachlässig sind, wenn es darum geht, Bissverletzungen den zuständigen Behörden zu melden.

Schlechte Gesetze korrumpieren sowohl die Bürger als auch die Vollstreckungsbehörden

Das vielleicht heimtückischste Problem an Rasseverboten ist jedoch, dass sie missbraucht werden können. Das ist immer der Fall, wenn für die Umsetzung eines Gesetzes die notwendigen Mittel fehlen. Es kommt zur willkürlichen Vollstreckung, die auf missgünstigen Beschwerden basiert und, was noch Besorgnis erregender ist, den Umtrieben im Untergrund Vorschub leistet.

Diese Vorgehensweise macht nicht nur Kriminelle aus für gewöhnlich gesetzestreuen Bürgern, es ist auch gar nicht so weit hergeholt, dass sich durch Menschen, die ihre Hunde verstecken müssen, auch die Gefahr von Zoonosen (von Tieren auf Menschen übertragbare Krankheiten) erhöht. Bis zur Mitte des 20. Jahrhunderts starben beispielsweise pro Jahr ca. 100 Amerikaner an Tollwut. Zur Zeit sind es pro Jahr ein bis zwei Menschen, manchmal sogar kein einziger. Seit Jahrzehnten starb kein Mensch mehr an Tollwut, weil er von einem infizierten Haustier gebissen wurde. Dies ist vor allem der hohen Impfdisziplin der Besitzer von Hunden zu verdanken. Wir wären schlecht beraten, wenn wir etwas tun, das die Menschen davon abhalten könnte, ihre Hunde gegen Tollwut impfen zu lassen.

Hunde auf Bewährung

Das einzige ansatzweise ermutigende Ergebnis in Bezug auf den potenziellen Einfluss eines Gesetzes auf Bissverletzungen durch Hunde zeigt eine Studie aus Oregon. Unter 422 Hunden wurde ein Rückgang von Bissverletzungen von 25 auf 7 % festgestellt, deren Besitzer nach dem ersten Biss einige Auflagen erfüllen mussten. Da es jedoch keine Kontrollgruppe gab, wäre hier noch eine weitere Untersuchung notwendig, um eindeutig zu klären, ob tatsächlich diese Auflagen für den Rückgang verantwortlich waren oder ob die Hundebesitzer einfach vorsichtiger geworden waren, nachdem ihr Hund jemanden durch einen Biss verletzt hatte. Doch es ist anzunehmen, dass eine solche Bewährungsauflage den tödlichen Beißvorfall im Jahr 2001 in San Francisco, bei dem einer der beteiligten Hunde zu einem früheren Zeitpunkt seinen Besitzer durch einen Biss schwer an der Hand verletzt hatte, möglicherweise hätte verhindern können.

In der Realität ist es wohl ein schier unüberwindbares Problem, ausreichende Mittel aufzutreiben, um ungefähr eine halbe Million Hundebesitzer zu überprüfen, ob sie sich an die Auflagen halten. Das Bewährungssystem für menschliche Kriminelle zeigt ebenfalls nicht unbedingt ermutigende Ergebnisse. Trotzdem ist es die einzige Studie, der es gelungen ist, einen messbaren Einfluss auf die Häufigkeit von Beißvorfällen zu finden. Wenn wir die Häufigkeit von Bissverletzungen tatsächlich verringern wollen, wäre dies wohl ein lohnenswerter Ansatz.

Ein Strafregister für Hunde

Das bedeutet vielleicht, dass der andere Hauptansatz in Richtung Gesetz gegen gefährliche Hunde zumindest etwas vernünftiger ist als die Rasseverbote. Dieser Ansatz konzentriert sich auf das Verhalten des jeweiligen Hundes. Sie werden auf der Grundlage tatsächlicher Vorfälle als „potenziell gefährlich", „gefährlich" und in manchen Fällen als „bösartig" eingestuft. An dieser Kategorisierung orientieren sich die Auflagen, die der Besitzer zur Haltung des Hundes erfüllen muss.

Hunde, die bereits Menschen verletzt haben, werden oftmals mit Auflagen wie Leinen- und Maulkorbpflicht belegt.

Ein einfaches Beispiel dafür ist ein Hund, der im Park ein Kind gebissen hat und nun künftig einen Maulkorb tragen und an der Leine geführt werden muss, wenn er sich in der Öffentlichkeit bewegt oder wenn in seinem Haushalt Besuch erwartet wird. In Fällen, in denen der Hund eine extreme Bedrohung darzustellen scheint, kann er auch aus dem Haushalt entfernt und getötet werden. Wie die Rasseverbote auch, bestehen eine Vielzahl dieser Gesetze sowohl auf Landes- als auch auf Bundesebene und sie nutzen eine Schwindel erregende Vielfalt von Methoden, mit denen gefährliche Tiere bestimmt werden sollen.

Vielleicht ist dieses Durcheinander unvermeidlich, da viele Gesetze gegen gefährliche Hunde nicht nur versuchen, Hunde zu kontrollieren, die bereits einen Menschen gebissen haben, sondern auch festzustellen, welche Hunde dies in Zukunft tun werden und es zu verhindern. Dabei wird generell übersehen, dass jeder Hund eine gewisse Grundaggression gegenüber anderen Hunden in sich trägt. Man braucht sich nur die Vergangenheit eines beliebigen Hundes genauer anzusehen und man wird Anzeichen aggressiven Verhaltens finden.

Wie bereits erwähnt, knurren die meisten Hunde irgendwann jemanden an, schnappen ab oder fletschen die Zähne.

Gesetze gegen gefährliche Hunde strotzen vor schwammigen Beschreibungen wie „nähert sich auf bösartige und einschüchternde Weise“, oder „auf bedrohliche Weise“ oder „hat eine bereits bekannte Disposition, Tendenz oder Neigung, anzugreifen“. Manchen genügt es, wenn der Hund eine Person auf irgendeine Art und Weise „gefährdet“ hat; was jedem, der sich gefährdet fühlt, die Möglichkeit eröffnet, Anzeige zu erstatten.

Kalifornien, der Staat in dem ich lebe, könnte den Preis für die schwammigste Definition bekommen: Ein Hund ist gefährlich, wenn er „irgendeine Art von Verhalten an den Tag legt, die es erforderlich macht, dass eine Person abwehrend reagieren muss, um körperliche Verletzungen zu verhindern“. Diese Definition würde auf einen Hund zutreffen, der auf die Strasse läuft und einen Autofahrer dazu bringt, das Steuer herumzureißen. Wenn der Hund dies noch ein zweites Mal täte, würde er als „bösartig“ eingestuft werden.

Widersprüche im Überfluss. Wenn ein Hund die Grenze eines Staates oder Bundeslandes überschreitet, kann er von einem Moment auf den anderen als gefährlich gelten. Manche Gesetze schließen Hunde ein, die ein anderes Haustier verletzen oder töten, manche nicht. Manche schließen Beißvorfälle aus, die sich auf dem Grundstück des Besitzers ereignen, manche nicht.

Provokationen

Die gefährlichsten Gesetze beinhalten den bedenklichen Begriff der „nicht provozierten“ Drohungen oder Beißvorfälle und nur wenige definieren das Wort Provokation eindeutig. Aus Perspektive des Hundes sind natürlich alle Beißvorfälle provoziert.

Ob ein Hund einen Menschen beißt oder nicht, hängt unter anderem von seiner Sozialisierung ab, also davon, welche Personen oder Ereignisse er als Welpe positiv verknüpft hat. Die Sozialisierung ist dafür verantwortlich, ob ein Hund einen bestimmten Menschen als Freund, Feind oder Spielgefährten betrachtet. Viele der menschlichen Definitionen von Provokation ziehen nicht in Betracht, dass ein Hund knurrt, die Zähne fletscht, abschnappt oder beißt, wenn er sich aus seiner Sicht bedroht fühlt.

Törichte Gesetzgeber übertragen Aktionen, die bei Menschen als berechtigt angesehen werden, einfach auf Hunde. So enthalten manche Definitionen von Provokation beispielsweise Beißvorfälle, wenn die gebissene Person „bewusst Hausfriedensbruch oder ein anderes Delikt begeht“ oder wenn sie „ein Verbrechen begeht oder plant“. Diese beiden Definitionen sind besonders interessant, da wir daraus entnehmen müssen, dass es entweder in Ordnung ist, einen bissigen Hund zu halten, solange er nur Eindringlinge oder Kriminelle beißt, oder aber dass der Hund von sich aus erkennen kann, wenn Menschen Straftaten begehen.

Einige Gesetze schließen Beißvorfälle aus, wenn der Hund seinen Besitzer „beschützt“ hat. Andere definieren Provokation, indem sie Beißvorfälle ausschließen, wenn das Opfer „den Hund quält, misshandelt oder bedroht oder den Hund gequält, misshandelt oder bedroht hat“. Daraus lässt sich schließen, dass der Hund das Recht hat, eine Person vorsorglich zu beißen, vor der er sich auf Grund vorangegangener schlechter Behandlung fürchtet, oder die er deshalb nicht mag.

Wenn es Hoffnung auf eine faire Vollstreckung der Gesetze geben soll, ist es unerlässlich, dass Bezeichnungen wie „gefährlich“ sowohl verständlich als auch präzise definiert werden. Die Besitzer von so kategorisierten Hunden müssen ihre Haustiere nicht nur, wie bereits beschrieben, einschränken, sie müssen auch mit schweren strafrechtlichen Folgen rechnen, wenn ihr Hund trotzdem jemanden beißt.

Es ist möglich, Begriffe wie Provokation relativ präzise zu definieren. Die Stadt New York beispielsweise bezeichnet einen Angriff als „unprovoziert", wenn der Hund „nicht von einer Person mit einem Objekt oder einem Körperteil einer Person geschlagen, getreten, geärgert oder gestoßen wurde und wenn nicht an einem Körperteil des Hundes gezogen bzw. kein Körperteil des Hundes gezwickt oder gequetscht wurde". Ob Sie nun der Meinung sind, dass Hunde jegliche Art von menschlichem Verhalten außer einen direkten Angriff tolerieren sollten oder nicht: Dies ist eine klare Definition des Wortes „Provokation".

Es ist möglich, ein Gesetz zu verabschieden, das Hunde betrifft, die nachweislich eine Gefahr für den Menschen darstellen. Ein solches Gesetz sollte eine so präzise Definition von Provokation beinhalten wie das in New York. Es müsste zur Voraussetzung haben, dass der Hund tatsächlich jemanden verletzt hat. Leider ist das selten der Fall. Schließlich benötigt das Gesetz eine klare Definition des Begriffes der „schweren Verletzung". In manchen Gesetzen sind sie bereits enthalten. Wenn alle medizinisch behandelten Bissverletzungen registriert würden, wäre sogar eine gerechte Vollstreckung eines solchen Gesetzes möglich.

Gesetze gegen gefährliche Hunde sind jedoch nur ein einzelner Baustein im Rechtssystem. Das Thema Zivilhaftung ist noch schwerer zu entwirren, was weitere Ängste schürt: die Angst vor Prozessen.

KAPTIEL VIII
EINE WEITERE PHOBIE UNSERER KULTUR: „ICH KÖNNTE VERKLAGT WERDEN."

Menschliche Wesen haben das Bedürfnis entwickelt, zurückzuschlagen, wenn sie angegriffen werden. Dies trifft auch auf den Rest der Tierwelt zu. Dieses Bedürfnis zu haben bedeutet jedoch nicht, dass eine Vergeltung durch den Staat oder durch uns als Individuen immer gerechtfertigt ist. Eines Abends, in der geschäftigen Notaufnahme eines städtischen Krankenhauses, las ich fast das gesamte Buch von Joseph LeDoux über die Neurobiologie der Angst.

Die nette Notaufnahmeschwester, die mich wegen meines leichten Herzleidens behandelte, erkundigte sich, was ich da lese. Ich erklärte ihr kurz LeDouxs Ideen über die Zusammenhänge zwischen der Angst und den Abläufen im Gehirn. Ich erzählte ihr, dass ich gerade ein Buch über Beißvorfälle mit Hunden schrieb und dass ich der Meinung sei, dass LeDoux eine Erklärung dafür liefere, warum Menschen auf Hundebisse stärker reagieren als auf andere Verletzungen. Ich teilte meinen Verdacht mit, dass Menschen oft schon wegen sehr kleiner Bisswunden medizinische Versorgung in Anspruch nehmen und sie stellte nüchtern fest: „Glauben Sie nicht auch, dass diese Leute etwas herausschlagen wollen?"

Dies ließ mich, wenn auch widerwillig, daran denken, dass Shakespeares Henry VI dem Rat seines Saufkumpanen doch nachkommen und „zuerst alle Anwälte töten solle". Wie es aussieht, ist die Schuld wohl vor allem bei der Versicherungsbranche zu suchen, den wahren Herren in Haftungsfragen.

Die letzte legale Ausgrenzung

Ich traf unlängst einen Mann, der gerade dabei war, sein Haus zu refinanzieren. Eines der letzten Dinge, die routinemäßig erledigt werden mussten, war, die Versicherung auf den neuen Kreditgeber umzuschreiben. Der Versicherungsvertreter warf einen Blick auf den Hund des Mannes, stellte fest, dass er zu einer „verbotenen Rasse" gehört, weigerte sich, die Kreditpapiere zu unterzeichnen und löste die Hausrats- und Haftpflichtversicherung des Mannes sofort auf. Bei dem Hund handelt es sich um eine Rottweilerhündin mittleren Alters, die noch nie jemanden gebissen hat, weder Tier noch Mensch, und die als Therapiehund eingesetzt wird und in dieser Funktion regelmäßig alte, gebrechliche und kranke Menschen in der Kurklinik am Ort besucht, um ihnen durch ihr sanftmütiges Wesen Trost zu spenden. Es wäre genauso sinnvoll gewesen, die Versicherung wegen der Schaukel im Hinterhof aufzulösen, da solche Spielgeräte für mehr verletzte und getötete Kinder verantwortlich sind als Hunde. Und ganz sicher für viel mehr, als irgendeine bestimmte Rasse.

Hunde und Teenager können die besten Freunde sein – sofern sie sich gegenseitig respektieren.

In den 1980er Jahren lebte ich in einer bescheidenen Wohngegend und hatte dort eine Nachbarin, die ihre Haushaltsversicherung über die Versicherung Lloyds in London abgeschlossen hatte. Der Grund dafür war nicht, dass sie einen Van Gogh oder einen zweiten Hope-Diamanten in ihrem Keller versteckte oder dass sie viel Geld ausgeben wollte, nur um einen berühmten Namen auf der Police stehen zu haben. Der Grund dafür war, dass ihr Hund ihre Nichte gebissen hatte. Der Hund war in einer Ecke des Schlafzimmers im ersten Stock des Hauses angebunden gewesen und dem Teenager wurde erklärt, dass sie sich dem Hund nicht nähern durfte. Sie wollte ihn aber unbedingt streicheln und tat dies auch, woraufhin er sie ins Gesicht biss. Nach einer kleinen plastischen Operation und noch bevor das Mädchen ihren Nebenjob als Model wieder aufnahm, verklagte sie ihre Tante, deren Versicherung sich außergerichtlich auf die Zahlung von 40.000 US-Dollar einigte.

In den 1990er Jahren lebte ich in einer relativ noblen Siedlung in Oakland, wo die Häuser groß und in Hanglage gebaut sind. Eines Nachmittags hörte ich draußen vor dem Haus ein Bellen und Schreie und ging vor die Tür, um nachzusehen, was passiert war. Als ich zum Bürgersteig hinunter kam, sah ich dort eine Frau sitzen, die weinte und sich den Knöchel hielt. Sie war eine Interviewerin, die mich für eine Studie befragen sollte, zu der ich meine Teilnahme zugesagt hatte. Es war ihr erster Besuch und statt den Bürgersteig entlang zu gehen, entschied sie sich überraschenderweise, an der Garage vorbei den Hügel hinaufzusteigen und die Abkürzung durch den Hof zu nehmen, in dem der Hund meiner Vermieterin angeleint war. Er erwachte aus seinem Nickerchen in der Hundehütte, sah, dass eine Fremde seinen Hof durchquerte und biss sie in den Knöchel. Als sie versuchte, außer Reichweite zu gelangen, schlug sich die Dame auch noch das Knie auf. Ich fuhr sie in die nächste Notaufnahme, wo ihre Wunden behandelt und verbunden wurden.

Der Beamte des Veterinäramts kam am nächsten Tag vorbei, überprüfte die Tollwutimpfung und die Steuermarke des Hundes, schaute sich auf dem Grundstück um, begutachtete den Hund und sagte: „Sieht aus, als hätte er nur seinen Job gemacht." Dann schlug er vor, meine Vermieterin solle ein „Vorsicht! Bissiger Hund!"-Schild an der Grundstücksgrenze anbringen. Natürlich hätte er auch vorschlagen können, ein Schild mit der Aufschrift „Vorsicht, gefährliche Hanglage!" aufzustellen. Auf jeden Fall war das alles. Es kam zu keiner Klage, die Versicherung musste keinen Schadenersatz zahlen.

Interessant ist, dass diese beiden Vorfälle die einzigen außerhalb meines Berufslebens als Hundetrainer sind, die ich kenne, bei denen Bisswunden eine medizinische Behandlung erforderlich machten. Das heißt natürlich nicht, dass keiner meiner anderen Bekannten nicht mal von einem Hund verletzt worden wäre, es heißt nur, dass ich davon nichts weiß. Ich will auch nicht sagen, dass meine Erfahrungen repräsentativ sind, obwohl ich es amüsant finde, dass eine geschwätzige Angestellte des PR-Büros einer Versicherung während eines Interviews zu den Verlusten der Versicherungen durch Hundebisse zugab, dass sie niemanden kannte, der von einem Hund verletzt worden war. Solche Aussagen lassen vermuten, dass das Thema der Zivilklagen nach Hundebissen, wie viele andere Dinge im Zusammenhang mit Hunden, aufgebauscht wird.

Wir wissen mehr über all die schlimmen Dinge, die geschehen können als gut für uns ist oder zumindest mehr als wir noch realistisch verarbeiten können. So wie die Medien die Angst vor Hundebissen im Allgemeinen steigern, können sie auch die Angst, wegen eines Hundebisses verklagt zu werden, steigern.

Die Publicity, die einem gelegentlichen großen Gerichtsurteil zuteil wird (meist geht es dabei um ein gefährliches Produkt), und die scheinbar zahlreichen Gerichtsverfahren, über die ständig berichtet wird, führen zu der oft unrealistischen Angst, wegen alltäglicher Dinge verklagt zu werden. Eine aktuelle Studie, die von William Haltom und Michael McCann durchgeführt wurde, bestätigt dies. Die Professoren der Politikwissenschaften fanden heraus, dass zwar die Anzahl der Gerichtsverfahren in den letzten zehn Jahren sank, die Medien jedoch zunehmend darüber berichteten.

Es gibt nicht viele Menschen, die eine Verletzung erlitten haben, für die jemand zur Verantwortung gezogen werden kann und die dann tatsächlich Klage einreichen. Das Rand Institute fand bei einer für das amerikanische Department of Health and Human Services in 28.000 Haushalten durchgeführten Studie heraus, dass sich von allen Personen, die Verletzungen erlitten hatten, lediglich 10 % um irgendeine Form von Schadenersatz bemüht hatten, darunter auch bei ihren eigenen Krankenversicherungen. Nur 2 % erhoben Klage. Nur etwa die Hälfte dieser Klagen wurde gewonnen.

Der Kummer der Versicherungsgesellschaften – Ein Wolf im Schafspelz?

Die Versicherungsbranche (zusammengefasst vom Insurance Information Institute) behauptet, dass Schadenersatzforderungen nach Hundebissen die Versicherungen im Jahr 2004 321,6 Mio. US-Dollar gekostet hätten, 24 Mio. Dollar weniger, als im Jahr 2003. Außerdem wird ein Anstieg von 38 % (bzw. von 4 – 5 % pro Jahr) bei den Schadenersatzforderungen nach Hundebissen in den Jahren von 1995 bis 2002 beklagt. Die Statistiken für 2003 weisen 20.813 Schadensfälle aus.

Doch die Höhe des Schadenersatzes nach einem Hundebiss fällt geringer aus als in anderen Haftungsfällen. Laut den Statistiken der Versicherungsunternehmen liegt die durchschnittliche Zahlung nach einem Hundebiss bei 16.600 US-Dollar. Für andere Unfälle, vom Autounfall bis hin zum Sturz auf rutschigem Boden, werden durchschnittlich 38.000 Dollar bezahlt.

Selbst wenn wir den Statistiken der Versicherungen in Bezug auf Hundebisse Glauben schenken, rechtfertigen sie dennoch nicht ihre drakonische Politik. Die Gesamtsumme, die ausbezahlt wurde, macht nur einen Bruchteil aller Schadenersatzzahlungen aus, nämlich ca. ein Zehntel Prozent. Die Gesamtsumme aller Schadenersatzklagen, die sich auf körperliche Schäden sowie auf Sachbeschädigungen beziehen (darunter fallen sowohl Hundebissverletzungen als auch Stürze auf eisigen Eingangsstufen und vieles mehr), macht 5 % aller an Haftpflichtversicherungsnehmer ausbezahlten Gelder aus. Die Anzahl der Schadenersatzklagen von Haftpflichtversicherungsnehmern ist in den letzten sieben Jahren um mehr als 2 % zurückgegangen.

Naturkatastrophen machen einen großen Anteil der zu regulierenden Versicherungsschäden aus.

Die Haftpflichtversicherung ist eigentlich nur die Sahnehaube auf dem Versicherungskuchen der Hausbesitzer. Der wirklich große Anteil entfällt auf Fälle für die Hausratversicherung. Dazu zählen Verluste durch Feuer (24 %) und Unwetter- sowie Wasserschäden (34 %). Große Naturkatastrophen oder, wie unlängst publiziert, weit verbreitete Umweltprobleme wie Schimmel oder Asbest lassen die Verkäufer von Hausratversicherungen wirklich bluten. Laut den Versicherern machen Schadenersatzzahlungen nach Hundebissen in etwa ein Viertel aller Haftpflichtfälle aus, die wiederum nur 5 % der gesamten Versicherungszahlungen ausmachen. Selbst nach ihren eigenen Berechnungen werden Hundebisse die Versicherungsgesellschaften nicht ruinieren. Die höchstmögliche Schätzung wäre, dass Hundebisse für 1 % aller Schadenersatzzahlungen verantwortlich sind.

Es stellt sich zudem die Frage nach der Glaubwürdigkeit der Zahlen, die die Versicherungsbranche veröffentlicht. Die Erhebung der Zahlen durch das Insurance Information Institute geht recht zwanglos vor sich. Ein Sprecher des Institutes gab an, dass die Zahlen auf freiwilligen Angaben einzelner Gesellschaften beruhen, die Schätzungen abgeben, welche Summen in den einzelnen Bereichen ausbezahlt werden. Für die Erhebung dieser Daten liegen keine Standards zugrunde. Betrachtet man diese Vorgehensweise, kann man keine allzu exakten und schon gar keine objektiven Zahlen erwarten, vor allem da die Zahlen von einer extrem voreingenommenen Partei erhoben werden.

Haftpflichtversicherungen als Goldgrube

Bis zu diesem Punkt ist alles so, wie es sein soll. Versicherungen sind schließlich dazu da, den Kunden vor den unerwarteten Unglücksfällen des Lebens zu schützen. Es müssen Schäden am Haus repariert werden, die durch Katastrophen wie Überflutungen oder Feuer entstanden sind, oder es muss gegen unvorhergesehene schädliche Umwelteinflüsse wie Schimmelbefall im Keller vorgegangen werden. Dies sind die häufigsten Fälle, in denen Hausratversicherungen Leistungen erbringen und es sind die Fälle, die die Versicherungsgesellschaften das meiste Geld kosten. In einem Katastrophenjahr sind es mehrere Dutzend Milliarden US-Dollar, doch selbst in einem normalen Jahr machen diese Fälle immer noch den Großteil aller Zahlungen aus.

Eine Versicherung bewahrt den Kunden auch davor, die Kosten übernehmen zu müssen, wenn ein Besucher auf dessen Grundstück verletzt wird, besonders, wenn es sich um eine schwere Verletzung handelt. Er kann zum Beispiel von einem Hund gebissen werden. Das ist jedoch sicher nicht die einzige Möglichkeit, wie sich Menschen in ihren eigenen oder in anderen Häusern verletzen können. Statistisch gesehen kommt es öfter vor, dass jemand ausrutscht oder hinfällt. Diese Unfälle haben meist schlimmere Folgen als ein Hundebiss und trotzdem kommt niemand außer den Versicherungsgesellschaften auf die Idee, die Anzahl dieser Unfälle aufzuzeichnen. Sie geben ihre Zahlen hierzu allerdings nicht bekannt.

Ich wunderte mich lange darüber, warum Versicherungsgesellschaften gegenüber Hundebesitzern eine so harsche Politik fahren, indem sie sich weigern, einige Kunden zu versichern, wenn sie nicht gewillt sind, ihre Hunde zu töten, und so auf ein gutes Geschäft verzichten. Nun gibt es einen möglichen Grund: die Hundehaftpflichtversicherung.

Mindestens in einem amerikanischen Bundesstaat wurde bereits der Versuch unternommen, von allen Hundebesitzern zu verlangen, eine spezielle Haftpflichtversicherung gegen Schäden durch Hundebisse abzuschließen. Ein ganz neues Produkt ist etwas Seltenes und Wunderbares in der Versicherungsbranche. In diesem Produkt steckt ein Potenzial von 30 bis 40 Mio. Kunden (dies entspricht der geschätzten Anzahl Haushalte, in denen Hunde leben). Der Markt lässt sich sogar auf Leute ausdehnen, die normalerweise keine Hausversicherung abschließen, wie zum Beispiel normale Mieter, wenn sie nur einen Hund haben. Das wäre ein wahrer Glücksfall.

Auf den ersten Blick scheint das eine gute Idee zu sein, ein Weg aus dem Sumpf des irrationalen und diskriminierenden Regelwerks, mit dem gefährliche Hunde aufgespürt und aussortiert werden sollen oder das dem Besitzer höhere Raten auferlegt. Es könnte der Weg aus der Angst sein, die viele Menschen vor dem Verlust ihrer Haushaftpflichtversicherung haben, sollte ihr Hund jemanden beißen. Es waren die Versicherungen, die diese Ängste mit der Drohung geschürt haben, Hundebesitzern die Versicherung zu kündigen... Aber lassen wir das.

Natürlich können sich die Versicherer immer noch weigern, bestimmte Rassen zu versichern oder jemanden zu versichern, der bereits eine Schadenersatzzahlung in Anspruch nehmen musste – oder einen anderen Grund finden, der ihnen nicht genehm ist.

Es macht Sinn, bis man feststellt, dass hier Risiken spezifiziert werden, die eigentlich von der regulären Haftpflichtversicherung der Menschen abgedeckt sein sollten. Der einzige andere Bereich des täglichen Lebens, der auf diese Weise gesondert behandelt wird, ist das Autofahren. In den USA werden jährlich rund 45.000 Menschen bei Autounfällen getötet und ca. 3,5 Mio. Menschen durch sie schwer verletzt. Autounfälle führen am häufigsten zu Gerichtsverhandlungen und Schadenersatzzahlungen. Im Vergleich dazu werden pro Jahr laut Statistik ca. 15 Menschen von Hunden getötet und etwa eine halbe Million erleidet Verletzungen durch Hundebisse.

Es wäre vielleicht an der Zeit, klarzustellen, dass die Versicherungen nicht das Recht haben, wesentliche Lebensentscheidungen für uns zu treffen, auch wenn sie uns dafür Schutz bieten (den wir bezahlen müssen). Und wo wir schon einmal dabei sind: Warum verlangen wir nicht einen Beweis dafür, dass die Risiken, für die sie Extraprämien verlangen, proportional gesehen auch wirklich mehr Kosten verursachen?

Zugegebenermaßen bilden die Richtlinien für zivile Schadenersatzklagen nach Hundebissen ein heilloses Chaos. Im Vergleich dazu scheinen die Gesetze gegen gefährliche Hunde geradezu methodisch und logisch. Hundebiss-Klagen sind schwierig in der Verteidigung und führen manchmal zu übertriebenen Schadenersatzforderungen, wodurch sich im Laufe der Zeit für die Anwälte ein regelrechter Industriezweig aufgetan hat. Eine Recherche von 30 Minuten im Internet führt zu Dutzenden von Anwaltskanzleien, die anbieten, Hundebissopfer zu vertreten und die mit Phrasen wie „Ihre Verletzung kann mehr wert sein, als Sie denken." werben.

Es mag sein, dass Menschen eher nach einem Hundebiss eine Schadenersatzklage anstrengen, als nach anderen Unglücksfällen. Das erscheint plausibel. Die vom Rand Institute durchgeführte Studie zeigt, dass die meisten Menschen das Gefühl haben, zumindest teilweise selbst an ihren Verletzungen Schuld zu tragen, die sie sich nicht am Arbeitsplatz oder beim Autofahren zuzogen, und dass es „nur ein Unfall" war, der „jedem hätte passieren können". Wenn Menschen dieser Meinung sind, ist es unwahrscheinlich, dass sie vor Gericht gehen. Da aber kaum jemand das Verhalten von Hunden versteht, ist es wahrscheinlicher, dass im Falle eines Hundebisses ein anderer verantwortlich gemacht wird. Schadenersatzforderungen aus Habgier sind selten, doch ist die Versuchung nach einer Hundebissverletzung wahrscheinlich höher als bei anderen Unglücksfällen. Die Urteile von Prozessen nach Hundebissen basieren auf wirren Vorstellungen vom Verhalten der Hunde und sie sind oft leicht zu gewinnen. Aus diesem Grund lassen sich die Versicherer gerne auf einen Vergleich ein. All dies hat der Versicherungsbranche eine neue Marktnische eröffnet, die nur durch interne Verlustzahlen gestützt wird, deren Quellen in ihrem Besitz und somit geheim sind.

Kampf-Katzen – das nächste Problem für die öffentliche Sicherheit?

Mein Nachbar hat eine Katze, die Besuchern manchmal um die Beine streicht, wie es Katzen eben tun. Mein Nachbar warnt Besucher immer davor, die Katze anzufassen. Manche Leute versuchen, das Tier trotzdem zu streicheln, was die Katze sofort mit einem Hagel an Schlägen und Bissen beantwortet.

„Im Laufe der Jahre habe ich viel Geld in der Notaufnahme gelassen, wenn ich die Leute zum Nähen dorthin brachte." erzählte mir mein Nachbar.

Seltsamerweise fanden wir die Geschichte beide amüsant; er, als er sie mir erzählte, und ich, als ich ihm zuhörte, obwohl man leicht hätte einwenden können, dass Katzen gefährlicher sind als Hunde. In den letzten Jahren gab es bei Katzen beispielsweise doppelt so viele Tollwutfälle wie bei Hunden, wobei ich schnell hinzufügen möchte, dass in den USA in den letzten Jahrzehnten nie ein Zusammenhang zwischen dem Ausbruch der Krankheit bei einem Menschen und einem vorherigen Kontakt mit einem Haustier hergestellt werden konnte.

Menschen, die von einer Katze gebissen werden (vielleicht sollte ich Katzenbissopfer sagen) benötigen anschließend sechs Mal häufiger eine Tollwutvorsorgeimpfung als diejenigen, die von einem Hund gebissen werden. Der Grund dafür ist, dass Katzen weniger oft gegen diese Krankheit geimpft werden und dass viele nicht wissen, wem die Katze gehört, die sie gerade gebissen hat – im Gegensatz zu Hunden. Zudem kommt es nach Katzenbissen häufiger zu Komplikationen durch Infektionen als nach Hundebissen.

Wo bleibt der Aufschrei, dass Katzenbisse nicht ordentlich registriert werden? Manchmal kommt es nach einem Katzenbiss zu einem Gerichtsverfahren, das jedoch ohne Verweis auf Gesetze gegen gefährliche Katzen und ohne dass spezielle Versicherungen im Hintergrund durchgeführt werden. Für mich scheint es so, als würden Katzenbisse rational als kleinere Gefahr des alltäglichen Lebens eingestuft werden, und dass es sinnvoll wäre, Hundebisse auch so zu sehen.

KAPITEL IX
WOZU BRAUCHEN WIR HUNDE ÜBERHAUPT?

Als mein Bruder fünf Jahre alt war, konnte ich nachts oft durch die Wand zwischen unseren Zimmern sein pfeifendes Keuchen vor dem Einschlafen hören, mit dem er nach Luft rang. Meine Mutter verwendete einen Luftbefeuchter, um die Reizung seiner Bronchien zu lindern, die auftraten, wenn er in einem Haus mit Wollteppichen zu Gast gewesen war oder sich nach draußen gewagt hatte, obwohl gerade jemand den Rasen mähte. Der Verzehr von Linsen und anderen Hülsenfrüchten war lebensgefährlich für ihn. Es handelt sich hier übrigens um denselben Bruder, den meine Mutter beschützte, indem sie Tippy, den Hundewelpen, weggab.

Eine Kosten-Nutzen-Rechnung: Hunde sind doch gut für Kinder

Eine kürzlich in Schweden durchgeführte Studie zeigt, dass Kinder, die in ihrem ersten Lebensjahr mit einem Hund oder einer Katze, am besten mit beidem, zusammenleben, wesentlich seltener an Allergien leiden. Risiken haben eine merkwürdige Eigenschaft: Oft schließt man ein Risiko aus und öffnet dadurch einem anderen die Tür. Man kann nur versuchen, sich die Risiken so auszusuchen, dass sich am Ende alles ausgleicht. Das ist meist nicht einfach.

Kinder, die mit Hunden oder Katzen aufwachsen, leiden seltener an Allergien.

Da Knurren und Abschnappen zum normalen Aggressionsverhalten gehören (die meisten Hunde zeigen dieses Verhalten), Beißen zwar weniger häufig vorkommt (immerhin beißen jedoch 15 % aller Hunde irgendwann einmal), ist es also wahrscheinlich, dass es auch weiterhin zu Hundebissen kommen wird, solange wir Hunde haben. Ein sehr kleiner Prozentsatz dieser Bisse wird Verletzungen nach sich ziehen.

Wenn wir unsere Sozialisierungsstrategien bei Welpen verbessern, aufhören, Hunde mit auf Zwang basierenden Methoden zu trainieren sowie mit Hunden zu züchten, die eine Neigung zu Verletzungsbissen zeigen, dann können wir die Zahl von Hunden, die knurren, mit den Zähnen fletschen, abschnappen und beißen wahrscheinlich deutlich reduzieren. Doch es ist unwahrscheinlich, dass wir diese Verhaltensweisen grundsätzlich werden eliminieren können. Außerdem werden einige Hunde weiterhin aus purer Wildheit heraus Menschen verletzen. Wäre es das also wert? Wenn meine Mutter die Zeit zurückdrehen und noch einmal zwischen den Risiken wählen könnte, bin ich mir ziemlich sicher, welche Entscheidung sie treffen würde.

Allein die Reduzierung der Allergieanfälligkeit hebt das Risiko, dem Kinder durch Hundebisse ausgesetzt sind, um ein Vielfaches auf. Millionen von Kindern leiden an Asthma, der schwersten Manifestation einer Allergie, und jedes Jahr sterben 266 Kinder daran. Die in Schweden durchgeführte Studie zeigt, dass das Risiko, eine Allergie zu entwickeln, bei Kindern, die während ihres ersten Lebensjahres mit zumindest zwei Hunden oder einem Hund und einer Katze zusammenlebten, um die Hälfte gesunken war.

Die Beweise, dass das Leben mit Hunden gesundheitliche Vorteile bringt, häufen sich. Außerdem ist es wichtig, die zahlreichen Leistungen anzuerkennen, die Hunde mit spezieller Ausbildung vollbringen, sei es als Such- und Rettungshund, als Partnerhund für Menschen mit Behinderungen oder als Therapiehund. Diese Arbeitshunde retten vielen Menschen das Leben und verbessern das Leben zahlloser weiterer. Trotzdem sind es gerade die alltäglichen Dinge im Leben mit einem Hund, die uns tatsächlich in großem Rahmen vor Krankheiten schützen können.

Viele der Studien in Bezug auf gesundheitlichen Nutzen begannen als Suche nach der Nadel im Heuhaufen. Die Forscher verglichen verschiedene Gruppen von Menschen mit unterschiedlichem Gesundheitszustand miteinander und sammelten so viele Daten wie möglich, in der Hoffnung, dass sich ein Muster abzeichnen würde.

Nehmen Sie ein Aspirin, essen Sie weniger Fett und legen Sie sich einen Hund zu!

Viele groß angelegte Studien konnten mittlerweile einen Zusammenhang zwischen der Haltung eines Haustieres und einem verminderten Risiko von Herz-Kreislauf-Erkrankungen feststellen; sei es nun, dass das Risiko, eine Herz-Kreislauf-Erkrankung zu entwickeln sank oder dass die Überlebenschancen nach einem Herzinfarkt größer wurden. Eine große australische Studie (fast 6.000 Menschen nahmen an kostenlosen Untersuchungen in einer Herzklinik teil) stellte fest, dass Tierbesitzer einen erheblich niedrigeren Blutdruck und niedrigere Cholesterinwerte aufweisen als Menschen, die kein Haustier besitzen. Bei Männern war der Unterschied vergleichbar mit dem zwischen einer Gruppe, die ihre Ernährung umgestellt hatte, um die Herzgesundheit zu fördern, und einer Gruppe, die das nicht getan hatte.

Die Freizeit mit einem Haustier zu verbringen vermindert das Risiko bestimmter Krankheiten.

Nachdem allgemein bekannt ist, dass körperliche Bewegung das Herz-Kreislauf-System positiv unterstützt, wurde als eine Erklärung die Tatsache genannt, dass Hundebesitzer regelmäßig ein gesundes Maß an moderater

Bewegung erhalten, wenn sie den Hund ausführen im Gegensatz zu Menschen ohne Hund. Es gibt einige Daten, die das bestätigen, wahrscheinlich jedoch nicht genug, um die gravierenden Gesundheitsunterschiede zu erklären.

Die Daten variieren stark: Eine Studie gibt zwar an, dass mehr Hundebesitzer als Nicht-Hundebesitzer die für eine verbesserte Gesundheit des Herz-Kreislauf-Systems empfohlene körperliche Bewegung erhalten, zeigt jedoch auch, dass nur wenige Testpersonen beider Gruppen dieses Ziel erreichen. Einige Studien zeigen, dass Hundebesitzer mehr Zeit für fordernde körperliche Bewegung aufwenden, andere konnten keine Unterschiede feststellen.

Die Haltung eines Hundes steht jedoch in jedem Fall mit verstärkter körperlicher Bewegung in Zusammenhang, auch wenn das allein nicht ausreicht, das Herz-Kreislauf-System positiv zu stimulieren. Eine Studie kommt auf durchschnittlich 1,4 Stunden täglich, die mit Spielen oder Spazieren gehen im Freien verbracht werden statt im Sitzen. Man weiß, dass solche Bewegung wiederum die Zeit verlängert, die ältere Menschen ohne fremde Hilfe leben können. Mehr noch, diese Vorteile betreffen nicht nur Menschen, die immer schon mit Hunden lebten.

Zu viele Wehwehchen? Schaffen Sie sich einen Hund an!

Laut einer 1991 in Großbritannien durchgeführte Studie gingen allgemeine gesundheitliche Beschwerden wie Rückenschmerzen, Kopfschmerzen oder Grippeanfälligkeit bereits wenige Monate nach der Anschaffung eines Hundes oder einer Katze zurück. Eine aktuellere, zehnmonatige Studie, die drei Gruppen von Personen mit ähnlich beschriebenen, gewöhnlichen kleineren Beschwerden untersuchte, bestätigt die früheren Ergebnisse. Die Konzeption der Studie schloss die Möglichkeit aus, dass Testpersonen einen Hund hielten, nachdem sie bereits einen besseren Gesundheitszustand erreicht hatten. Alle Testpersonen besaßen zum Beginn der Studie kein Haustier. Eine Gruppe legte sich Katzen zu, die andere Hunde, die dritte blieb ohne Haustiere.

Die neuen Hundebesitzer berichteten während der zehn Monate von einer deutlich besseren Gesundheit als die Gruppe ohne Haustiere, zudem hielt dieser Zustand länger an als bei den Katzenbesitzern. Außerdem berichteten viele der Hundebesitzer, nun deutlich mehr zu laufen, was bei den anderen beiden Gruppen nicht der Fall war. Auch wenn die Viel-Geher interessanterweise nicht die Gruppe mit den geringsten gesundheitlichen Problemen darstellte. Der verbesserte Gesundheitszustand dürfte alleine von dem Umstand herrühren, einen Hund zu besitzen.

Auch Katzen sind angenehme Hausgenossen.

Die Forschungen zu diesem Thema erfuhren einen Höhepunkt, als 1987 eine Studentin der Universität von Maryland herausfand, dass Patienten mit Haustieren eine um drei 3 % höhere Chance hatten, einen Herzinfarkt zu überleben als Patienten, die isoliert waren. Die Forscherin Erica Friedmann testete ihre Hypothese, dass ein starkes soziales Netzwerk die Chancen erhöht, einen Herzinfarkt um ein Jahr zu überleben. Es gelang ihr, diese Hypothese zu untermauern, doch der Zusammenhang zwischen Haustieren und einer gesteigerten Überlebensrate nach einem Herzinfarkt war eine Überraschung.

Die höhere Überlebensrate von Haustierbesitzern blieb sogar bestehen, nachdem die Möglichkeit ausgeschlossen worden war, dass diese Menschen sich mehr bewegt hatten. Um sicher zu gehen, dass es nicht einfach die allgemein weniger kranken Menschen waren, die dazu neigten und in der Lage waren, sich Haustiere zu halten, suchten Friedmann und ihre Kollegen nach Unterschieden in verschiedenen physiologischen Indikatoren, die das Risiko einer Herz-Kreislauf-Erkrankung erhöhen – und fanden keine signifikanten Unterschiede zwischen Patienten mit und ohne Haustieren. Auch standardisierte Persönlichkeitstest zeigten keine Unterschiede in den Persönlichkeitsstrukturen der beiden Gruppen.

Eine weitere Studie aus dem Jahr 1994 fand heraus, dass Menschen, die kein Haustier halten, einem um 30 % höheren Risiko ausgesetzt sind, innerhalb der ersten sechs Jahre nach einem Herzinfarkt zu sterben.

Ihr Sozialleben lässt zu wünschen übrig? Gehen Sie mit Ihrem Hund spazieren!

Wie jeder regelmäßige Besucher von Hundeauslaufgebieten weiß, ziehen Hunde soziale Kontakte wie ein Magnet an. Ein britischer Zoologe hat dieses Phänomen untersucht, indem er Begegnungen in öffentlichen Parks beobachtete. Menschen, die mit Hunden spazieren gingen, führten mehr und längere Gespräche mit anderen Passanten als diejenigen, die allein unterwegs waren und sogar mehr, als die, die Kinder bei sich hatten. Ein anderer britischer Forscher kam zu dem gleichen Ergebnis, als er für eine Studie dieselbe Person zuerst ohne und dann mit einem Hund auf einen Spaziergang schickte. Während sie mit dem Hund unterwegs war, wurde die Versuchsperson von deutlich mehr Menschen angesprochen und in ein Gespräch verwickelt.

Diese Tatsache steht im Zusammenhang mit den langfristig positiven Auswirkungen des Zusammenlebens mit einem Haustier auf das allgemeine Wohlbefinden und das Herz-Kreislauf-System im Besonderen. Die positiven Effekte lassen sich teilweise mit der Veränderung des Lebensstils erklären, die der Besitz eines Haustieres mit sich bringt. Es wurde jedoch auch bewiesen, dass die Beschäftigung mit einem Haustier den Blutdruck unmittelbar senken kann.

Sie fühlen sich gestresst? Streicheln Sie Ihren Hund!

Erica Friedmann, die Wissenschaftlerin aus Maryland, die mittlerweile an die City University New York gewechselt ist, versuchte, eine Erklärung für ihre Ergebnisse bezüglich der Überlebenschancen nach einem Herzinfarkt zu finden, und stellte fest, dass Menschen, die leichtem Stress ausgesetzt sind (etwa, wenn sie mit einem Fremden sprechen oder ihm etwas vorlesen müssen) ihren Blutdruck senken können, indem sie mit ihren Hunden sprechen. Die Veränderungen sind bemerkenswert: Der Blutdruck sank bis auf Ruhefrequenz und sogar darunter.

Eine weitere Studie zeigt, dass Frauen, die auf eine Zahnbehandlung warten – ein weit höherer Stresslevel – ebenfalls niedrigere Blutdruckwerte aufweisen, wenn ihre Hunde anwesend sind. Und wieder eine andere Studie zeigt, dass die Anwesenheit des Hundes einer Versuchsperson den Blutdruck stärker senkt als eine Meditation, selbst wenn die Person meditationserfahren ist.

Neue Studien an der Universität von Missouri zeigen einige mögliche Verbindungen zwischen der physiologischen und der emotionalen Ebene auf. Es scheint, als bewirke das Streicheln des Hundes einen Anstieg der „Wohlfühl"-Hormone und eine Verringerung der Stress auslösenden Hormone. Nachdem sie ihre Hunde 15 bis 30 Minuten lang gestreichelt hatten, zeigten die Versuchspersonen erhöhte Serotonin-Werte, desselben „Beruhigungs"-Hormons, das auch vermehrt bei den zahmen sibirischen Füchsen gemessen wurde. Beinahe alle Antidepressiva und Medikamente gegen Angstattacken zielen darauf ab, den Serotonin-Wert zu erhöhen. Der Effekt wurde jedoch nicht mit einem Roboterhund oder einem fremden Hund erreicht.

Auch die Prolaktin- und Oxytocin-Werte, die ebenfalls das Wohlbefinden und die Ruhe beeinflussen, wurden gesteigert. Der Cortisol-Spiegel sank hingegen. Das ist besonders von Bedeutung, da Cortisol hauptsächlich für das Kampf- und Fluchtverhalten verantwortlich ist. Chronisch erhöhte Cortisol-Werte werden mit allen möglichen Gesundheitsrisiken in Verbindung gebracht, angefangen vom erhöhten Blutdruck bis hin zu Erkrankungen der Immunabwehr.

Auch wenn niemand ernsthaft vorschlägt, ein an Depressionen leidender Mensch solle sein Prozac wegschmeißen und stattdessen mehr Zeit mit dem Hund verbringen, wird ernsthaft darüber nachgedacht, ob Menschen mit Angststörungen nicht dazu ermuntert werden sollten, zusätzlich zu ihrer Therapie Kuschelzeit mit ihrem Hund einzuplanen.

Entscheidend ist, dass sich diese vermehrten Beweise einer positiven Wirkung der Hundehaltung auf gesundheitliche Probleme beziehen, die enorm viele Menschen betreffen, sowohl in Hinsicht auf Erkrankungen als auch auf die Sterblichkeit. Herz-Kreislauf-Erkrankungen sind für 40 % aller Todesfälle in den USA verantwortlich, die Kosten für die medizinische Behandlung und die entgangene Arbeitsleistung belaufen sich auf rund 368 Milliarden US-Dollar im Jahr. Das bedeutet, dass sogar geringe Auswirkungen auf einen sehr kleinen Prozentsatz von Menschen mit Herz-Kreislauf-Erkrankungen oder Menschen mit erhöhtem Risiko, eine solche Erkrankung zu erleiden, enorme Auswirkungen auf das Brutto-Sozial-Produkt haben können.

Man muss sich fragen, wie lange es noch dauern wird, bis Menschen (weil sie einen Hund besitzen) sich zwischen der Kürzung ihrer Krankenversicherungsprämie oder der Erhöhung ihrer Haftpflichtversicherungsprämie entscheiden müssen. Wenn Menschen davon abgehalten werden, sich einen Hund zuzulegen – sei es nun aus Angst vor einem Rechtsstreit, aus Angst, den Versicherungsschutz wegen einer möglichen Schadenersatzklage zu verlieren, oder weil Besitzer bestimmter Hunderassen kriminalisiert werden – kann das schwerwiegende Auswirkungen auf die öffentliche Gesundheit haben; Auswirkungen, die sogar die schrecklichsten Meldungen über eine „Hundebiss-Epidemie“ belanglos erscheinen lassen.

KAPITEL X
EINIGE EINFACHE STRATEGIEN ZUR VERMEIDUNG VON BEISSVORFÄLLEN

Ruby, meine zähneklappernde braune Dobermannhündin, scheint nichts im Leben so sehr zu genießen, als Laub abzuschnuppern, und zwar am liebsten an neuen Plätzen. Ich denke mir immer, dass sie wohl ihre Pipi-Post lesen möchte, aber wer weiß das schon. Ich gehe mit ihr also öfter an der Leine in verschiedenen Parks spazieren. Ich habe keine Ahnung, wie oft ich schon voller Entsetzen erleben musste, wie Menschen ihre Kleinkinder oder älteren Kinder ermutigten, sich meinem – für sie – völlig unbekannten Hund zu nähern. Manche schieben ihre Kinder regelrecht auf sie zu. Zufälligerweise wird Ruby unweigerlich jedes menschliche Gesicht, dass in ihre Reichweite gelangt, ablecken, diese Menschen können das aber unmöglich wissen – und der größte Wirbel entsteht nach wie vor, wenn Kinder gebissen werden.

Der einfachste und direkteste Weg, Beißvorfälle mit Kindern zu verhindern, ist, das Verhalten der Kinder gegenüber Hunden, sowie das Verhalten der Erwachsenen, die diese Kinder beaufsichtigen, zu ändern. Eine Studie an 100 Kindern, die von Hunden gebissen und anschließend in einem belgischen Krankenhaus behandelt wurden, kommt zu dem Schluss, dass 67 % der Bisse hätten verhindert werden können, wenn sich die Kinder oder die ebenfalls anwesenden Erwachsenen anders verhalten hätten. Um das zu verdeutlichen, beantworten Sie bitte spontan die folgenden Fragen:

1. Richtig oder falsch? Kinder sollten an offenen Gewässern und Swimmingpools immer beaufsichtigt werden.

2. Richtig oder falsch? Kinder sollten an offenen Gewässern und Swimmingpools immer beaufsichtigt werden, auch wenn ihnen bereits erklärt wurde, sich dem Wasser nur in Begleitung eines Erwachsenen zu nähern.

3. Richtig oder falsch? Ein Erwachsener sollte ein Kind unter ständiger Beobachtung haben, das sich im oder am Wasser befindet und das nicht schon von einem anderen Erwachsenen beaufsichtigt wird.

4. Richtig oder falsch? Kinder sollten nicht wild an einem nassen Wasserbeckenrand toben.

5. Richtig oder falsch? Bevor man Kindern erlaubt, in tiefere Gewässer zu gehen, sollten sie das Schwimmen erlernt haben.

6. Richtig oder falsch? Erwachsene, die Kinder am oder im Wasser beaufsichtigen, sollten schwimmen können.

7. Richtig oder falsch? Swimmingpools sind bösartig und hinterhältig.

Kinder sollten an Swimmingpools und offenen Gewässern stets beaufsichtigt werden.

Ich hoffe, Sie hatten keine Schwierigkeiten, die Fragen zu beantworten. Es liegt auf der Hand, dass Hunde nicht annähernd so gefährlich sind, wie zum Beispiel offene Gewässer oder Swimmingpools. Gegenwärtig ertrinken in den USA jährlich etwa 1.000 Kinder, während etwa 10 Kinder Opfer von Hundebissen werden. Wenn wir es also ernst meinen und die Beißvorfälle, denen Kinder zum Opfer fallen, reduzieren möchten, sollten wir die folgende Regel beachten:

Wenn Kinder etwas in der Nähe eines Swimmingpools nicht tun dürfen, sollten sie bestimmte Dinge auch in der Nähe eines Hundes nicht tun dürfen.

Wir wissen, welche Situationen dazu führen, dass ein Hund beißt, es sind so ziemlich dieselben, die auch in Menschen Aggressionen hervorrufen. Dazu gehören das Attackieren und das Bedrohen des Hundes. Die Annährung eines jeden Fremden kann für schlecht sozialisierte Hunde bereits eine Bedrohung darstellen, ebenso, wenn man einfach nach ihnen greift. Dazu gehören das Wegnehmen seiner Sachen oder der Welpen und das Berühren des Hundes, wenn er Schmerzen hat. Auch das Verhalten eines Beutetiers, wenn man also vor dem Hund wegrennt, gehört zu diesen Situationen. Die meisten dieser Situationen können leicht vermieden werden und den meisten Hunden kann man auch beibringen, solches Verhalten zu tolerieren.

Vieles könnte vermieden werden, würde man sich einen alten Hundetrainerwitz zu Herzen nehmen:
Frage: Wie nähert man sich einem fremden Hund?
Antwort: Überhaupt nicht.

Wir sollten diesen Spruch groß auf Plakatwände kleben. Wenn wir Kindern beibringen, den Besitzer um Erlaubnis zu fragen, bevor sie sich einem Hund nähern, wenn wir sie lehren, dass sie den Hund auf sich zukommen lassen sollen, anstatt auf ihn zuzugehen und damit zu warten, ihn anzufassen, bis er sie von sich aus berührt hat, dann könnten viele aggressive Verhaltensweisen, die auf Neophobie oder Revierverteidigung beruhen, vermieden werden.

Schlafende Hunde soll man nicht wecken

Wenn wir Kindern beibringen, dem Hund kein Spielzeug oder Futter wegzunehmen und sich ihm nicht zu nähern, wenn er gerade frisst oder schläft, könnten die meisten auf Konkurrenzaggression beruhenden Reaktionen vermieden werden. Bringen wir Kindern bei, Hunde sanft zu berühren, lassen sich die meisten

Abwehrreaktionen vermeiden. Wenn wir Kinder lehren, nicht um einen Hund herumzulaufen oder vor ihm wegzurennen und dabei womöglich noch zu kreischen und mit den Armen zu fuchteln wie die perfekte Imitation einer verwundeten Gazelle, könnten die meisten Fälle von aggressivem Jagdverhalten vermieden werden.

Sei ein Baum, kein Hase

Und wenn wir Kinder schließlich lehren, sich still „wie ein Baum" zu verhalten, wenn ein unbeaufsichtigter und unbekannter Hund auf sie zukommt, auch dann noch, wenn der Hund sie offensichtlich bedroht, dann könnten die meisten der seltenen schweren Vorfälle vermieden werden. Es ist sicher gegen die eigene Intuition und sehr schwer, in der Gegenwart eines Furcht einflößenden Hundes einfach stillzustehen. Das hält uns jedoch nicht davon ab, unseren Kindern beizubringen, sich hinzuwerfen und auf dem Boden zu wälzen, wenn ihre Kleider Feuer fangen. Es ist einfach wichtig, sicherere Alternativen mit ihnen einzuüben, damit sie nicht intuitiv reagieren und das Falsche tun, wenn sie wirklich einmal in Flammen stehen oder von einem Hund angegriffen werden sollten – nämlich fortzulaufen und mit den Armen zu fuchteln.

Rettungsschwimmer sollten schwimmen können

Und natürlich sollten die Erwachsenen, die ihren Kindern diese Dinge vermitteln, sie auch selbst befolgen. Die meisten Erwachsenen könnten sogar noch einen Schritt weiter gehen und lernen, die einfachsten Zeichen des Unbehagens in der Körpersprache der Hunde zu erkennen (sich abwenden, über den Fang lecken, gähnen etc.) und sich einem Hund nicht aufdrängen zu wollen, der seinem Stress durch solches Verhalten Ausdruck verleiht. Für mich ist es verblüffend, dass man Menschen beibringen muss, nicht auf einen Hund zuzugehen, der sich abwendet, knurrt, steifbeinig vor ihnen steht oder der nicht von sich aus auf sie zukommt. Es ist jedoch offensichtlich, dass viele Menschen solche Hinweise benötigen.

In meinen seltenen Mußestunden habe ich mich oft gefragt, wie viele Tausend Hundebisse hätten verhindert werden können, wenn die Menschen einfach diese idiotische Angewohnheit ablegen würden, einem fremden Hund die Hand vor das Gesicht zu halten. Es ist kein Zufall, dass die meisten Erwachsenen in die Hand gebissen werden.

Sobald das Wissen über diese grundlegenden Sicherheitsvorkehrungen weit genug verbreitet ist, werden wir feststellen können, wie viel den Menschen wirklich daran liegt, die Zahl der Hundebisse zu verringern. Die Tatsache, dass in den 15 – 20 Jahren nach Einführung der öffentlichen Aufklärungskampagne die Zahl ertrinkender Kinder um 30 % gesunken ist, lässt Hoffnung aufkeimen. Das bedeutet jedoch nicht, dass kein Kind mehr ertrinken wird. Genauso wenig wird es dazu kommen, dass kein Kind mehr von einem Hund gebissen wird.

Manches an der Verbesserung der Statistik ist auf das Errichten von Zäunen am Rand von Swimmingpools sowie auf die vermehrte Nutzung von Schwimmwesten zurückzuführen. Ähnliche Vorkehrungen könnten verhindern, dass sich Kinder unbeaufsichtigt einem Hund nähern können. Der Leinenzwang könnte konsequenter überwacht werden. Mehr umzäunte Flächen, in denen Hunde ohne Leine spielen dürfen, könnten eingerichtet werden. Hunde, die bereits jemanden durch einen Biss verletzt haben, könnten unter strengeren Auflagen gehalten werden. Und wir könnten sicherere Hunde züchten.

Bessere Zuchtmethoden – ungefährlichere Hunde

Es ist genetisch sicher möglich, Hunde mit einer allgemein höheren Aggressionsschwelle zu züchten, sei es nun in Bezug auf Abwehraggression, Konkurrenzaggression, Territorialaggression, Neophobie, mütterliche Aggression oder Schmerzaggression.

Es ist aber sehr unwahrscheinlich, dass es uns gelingt, Hunde in Wesen zu verwandeln, die über keinerlei Aggressionspotenzial, das heißt nicht einmal mehr über einen Selbstverteidigungstrieb, verfügen (solche Wesen finden sich in der Tierwelt extrem selten). Im Angesicht einer Bedrohung, die groß genug ist, werden die meisten Hunde trotzdem auf Warnsignale zurückgreifen und, wenn diese nicht wirken, auch zubeißen. Es wird immer gefährlich bleiben, einen in die Ecke getriebenen Hund zu schlagen oder einem ausgehungerten Hund das Futter wegzunehmen.

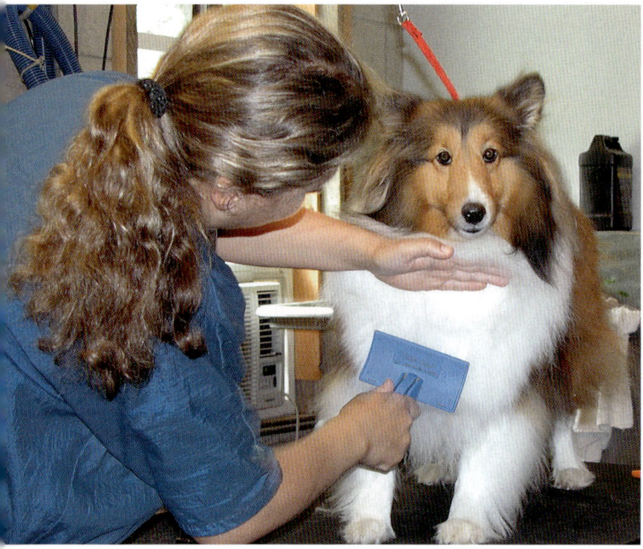

Manche Hunderassen reagieren im Zusammenleben mit dem Menschen gelassener als andere.

Der Trick besteht darin, herauszufinden, welche Formen von angenehmen Interaktionen wir mit Hunden haben möchten, die heute manchmal noch problematisch verlaufen. Dann können wir Hunde züchten, die diese Interaktionen tatsächlich als angenehm empfinden. Wir können beispielsweise Hunde züchten, die ruhig bleiben, wenn sich ihnen ein Mensch nähert, während sie fressen oder gerade auf ihrem Lieblingsplatz vor sich hin dösen, wenn ein Mensch sie tätschelt, bürstet oder gar umarmt oder wenn unbekannte Menschen in ihr Zuhause kommen oder sich ihnen auf der Straße nähern. Kurz gesagt könnten wir vermutlich Hunde züchten, die weniger neophobisch, dafür aber dem Menschen zugewandter sind und die eine höhere Aggressionsschwelle haben; Hunde, die weniger dazu neigen, die Gesten und Handlungen von Menschen als Bedrohung zu sehen; Hunde, die keinen Anstoß daran nehmen, wenn die Menschen die weiter oben aufgeführten Ratschläge nicht befolgen. Vielleicht gelingt es uns sogar, Hunde mit einem geringeren Jagdtrieb zu züchten, die weniger dazu neigen, Hasen, Eichhörnchen oder kleine, kreischende und mit den Armen fuchtelnde Kinder zu jagen.

Momentan haben wir noch keine gesicherten Erkenntnisse darüber, in welchen Situationen Hunde am häufigsten Warnsignale abgeben oder beißen. Wir haben natürlich Vermutungen, wie etwa beim plötzlichen Griff nach dem Halsband und jegliche Art von Einschränkung sowie bei plötzlicher Annäherung eines Fremden. All diese Situationen lösen bei sehr vielen Hunden Abwehraggressionen aus. Es existieren bereits einige Studien zu diesem Thema – die meisten analysieren Fallberichte, die von Hundetrainern und Verhaltenstherapeuten bereitgestellt wurden, die mit einer Vielzahl von aggressiven Hunden gearbeitet haben – doch es ist noch viel zu tun.

Ein guter Anfang wäre zum Beispiel, um nur eine Möglichkeit zu nennen, die Kastration aller Hunde, die bereits einen Menschen gebissen und verletzt haben. Wir würden dadurch zwar Hunde aus dem Gen-Pool entfernen, die zugebissen haben, weil sie Schmerzen hatten, geschlagen oder gequält wurden oder denen man das Futter weggenommen hat, obwohl sie dem Verhungern nahe waren. Gleichzeitig würden wir aber auch die Hunde aus dem Gen-Pool entfernen, die in für sie weniger bedrohlichen Situationen zugebissen haben.

Wir hätten damit natürlich keinen Einfluss auf die Hunde, die nur – möglicherweise wiederholt – gedroht, aber niemanden gebissen haben oder die daran gehindert wurden, jemanden zu beißen. Doch es wäre ein Anfang, und zwar einer, für den die bürokratischen Voraussetzungen bereits gegeben sind. Dazu müssten lediglich alle medizinischen Fachkräfte, die Bisswunden behandeln, die Vorfälle melden, woraufhin die Veterinärämter für die Durchführung der Kastrationen zu sorgen hätten.

Wir müssen jedoch unbedingt im Hinterkopf behalten, dass wir, selbst wenn wir die politische Unterstützung erhalten und die nötigen finanziellen Mittel auftreiben können, um diese selektiven Zuchtprogramme zu fördern und durchzuführen, wie Balyaev mit seinen Silberfüchsen mit Sicherheit weitere Eigenschaften verstärken werden, die uns gefallen mögen oder auch nicht. Viele Liebhaber von Stehohren oder einfarbigem Fell werden sehr wahrscheinlich bekümmert sein durch die Herausbildung von Schlappohren und scheckigem Fell, weil sich herausstellt, dass diese Eigenschaften durchweg mit verstärkter Freundlichkeit und Führigkeit einhergehen.

Bessere Trainingsmethoden – ungefährlichere Hunde

Wir können Hunde züchten, die eine höhere Beißschwelle aufweisen; es ist jedoch wichtig, zu bedenken, dass diese nie ganz verschwinden wird und dass Menschen sie manchmal überschreiten werden. Wir können auch Hunde züchten, die die Beißhemmung leicht erlernen, also die bewusste Beschränkung des Kieferdrucks, selbst wenn der Hund aufgeregt genug ist, um zuzubeißen, wie in Kapitel III und V beschrieben. Es mag möglich sein, dieses Verhalten vollständig einzuzüchten, wie es beispielsweise bereits bei den Apportierhunden der Fall ist. Können Sie sich noch an die Retriever-Hündin Tracy erinnern, die den Wellensittich Chipper im Maul trug, ohne ihn zu verletzen? Es ist jedoch wahrscheinlich sinnvoller, Welpen dieses Verhalten anzutrainieren, so wie es in den Welpenschulen getan wird, die auf der Arbeit Dr. Ian Dunbars basieren, mit der er in den 1980er Jahren begann.

Das Hauptaugenmerk dieses Unterrichts liegt gleichermaßen auf der Sozialisierung wie der Beißhemmung. Der Welpe wird dabei mit Menschen konfrontiert, die sich in Aussehen, Größe und Geschlecht voneinander unterscheiden, bunte Hüte tragen, auf seltsame Art gehen, mit Rollstühlen fahren und alle möglichen Dinge mit sich herumtragen. Der Welpe lernt, all diese Menschen als potenzielle Spielpartner und Quelle guter Dinge zu begrüßen. Und das Wichtigste: Er lernt, dass sein menschlicher Spielgefährte „aufjault“ und das Spiel sofort beendet, wenn er mit seinen Zähnen zu viel Druck ausüben sollte. Die Definition von „zu viel Druck“ wird allmählich verringert bis praktisch kein Druck mehr vorhanden ist.

Mit diesem Trainings- und Sozialisierungsansatz kann die genetisch bereits vorhandene Toleranz erhöht werden. Erinnern wir uns: Eine unserer Sorgen gilt der generalisierten Angst vor (und die daraus resultierende Feindseligkeit gegenüber) neuen Dingen. Je mehr verschiedene Menschen und Situationen ein Welpe also von früh auf kennen lernt, desto weniger Situationen werden ihm später, wenn die Angst vor Neuem einsetzt, unbekannt sein. Der Postbote löst dann bei einem Welpen, der bereits viele uniformierte Menschen gesehen hat, lediglich ein „Kenn ich alles schon." aus; dem unvorbereiteten Welpen erscheint er hingegen als beängstigendes Monster.

Wir können Hunde auch davor bewahren, empfindlich zu reagieren, wenn sich ihnen beispielsweise jemand nähert, während sie an einem saftigen Knochen nagen. Wir müssen dem Welpen einfach schon früh begreiflich machen, dass eine Person, die sich ihm nähert, für gewöhnlich einen Zusatzhappen bei sich hat und er den Schatz, den er gerade bearbeitet, nicht hergeben muss. Wir können Hunde davor bewahren, nervös auf Kinder oder Fremde zu reagieren, indem wir ihnen vermitteln, dass das Auftauchen solcher Menschen „gute Sachen für Hunde" bedeutet, wie sich die berühmte Hundetrainerin Jean Donaldson ausdrückt, das heißt, dass sie mit ihm toben, den Frisbee werfen oder Tauziehen spielen oder ein tolles Leckerchen dabei haben.

Wir können sogar ein Verhalten wie Rubys Zähneklappern beeinflussen, indem wir es nur belohnen, wenn wir vorher das Signalwort dazu gegeben haben und ihr unsere Aufmerksamkeit entziehen, wenn sie das Verhalten unaufgefordert zeigt. Ruby lernt sehr schnell, dass es sich nicht lohnt zu „lächeln", bevor sie das Stichwort gehört hat. Mein Anliegen ist es jedoch nicht, hier spezifische Anleitungen zur Verhaltensmodifikation zu geben. Das haben andere bereits besser und gründlicher getan.

Es gibt so vieles, was wir tun können, um Beißvorfälle gegenüber Menschen zu verringern. Wir können die Menschen, besonders Kinder, darüber aufklären, welche Situationen einen Hund genügend aus der Fassung bringen, um ihn zubeißen zu lassen. Wir können Welpen beibringen, so sanft zu beißen, dass sie niemanden verletzen, selbst wenn sie aufgeregt genug sind, um zu beißen. Und wir können Hunde trainieren, am besten schon von Welpenbeinen an, in Situationen entspannter zu bleiben, die sie sonst verwirren oder ihnen Angst bereiten würden. Das sind durchweg löbliche Ziele und ich hoffe ernsthaft, dass wir ihnen mit der Zeit immer näher kommen werden.

Trotzdem denke ich oft an ein Gespräch während eines Essens mit Freunden zurück, das vor einigen Jahren stattfand. Wir arbeiteten alle als Fachleute im Bereich der Ausbildung und verbrachten unsere Leben damit, achtbare und sozial konstruktive Ziele zu verfolgen. Im Laufe des Gesprächs begannen wir, einige alltägliche Nachlässigkeiten anzuprangern, die Menschen manchmal schaden. Ich kann mich nicht mehr erinnern, worum es ging. Eine von uns begann, eine Geschichte zu erzählen. Sie hatte relativ spät noch ein Kind bekommen und war in ihrer Beschützerrolle so wild entschlossen, wie es eine Mutter nur sein kann. Sie erzählte uns, wie sie eines schönen Nachmittages, als ihr Sohn noch ein Baby war, mit Freunden auf einer Veranda zusammensaß. Plötzlich begann der Kinderwagen auf den Rand der Veranda zuzurollen und sie konnte ihn gerade noch aufhalten, bevor er einen Abhang hinuntergefallen wäre.

„Da ist mir klar geworden," meinte sie „dass sich alles im Leben innerhalb eines Augenblicks ändern kann. Einfach so."

Sie erklärte, dass sie daraus gelernt hätte, ihr Bestes zu geben und das Beste zu hoffen und ihr kurzes Leben nicht damit zu vergeuden, sich zu fürchten oder jemandem Vorwürfe zu machen. Leider lebte sie nicht lange genug, um ihren Sohn aufwachsen zu sehen. Sie starb an einer dieser furchtbaren, allgegenwärtigen Krankheiten, an denen so viele Menschen einfach sterben. Aber ich glaube nicht, dass sie viel von ihrer Zeit verschwendet hat.

LITERATURVERZEICHNIS

Abrantes, R., 1997. The Evolution of Canine Social Behaviour. Wakan Tanka Publishers, Naperville, IL.

Abrantes, R., 1997. Dog Language, An Encyclopedia of Canine Behaviour. Wakan Tanka Publishers, Naperville, IL. [Hundeverhalten von A-Z, Franckh-Kosmos, 2005]

A community concern: Who let the dogs out (editorial). 2001, June 24. San Francisco Chronicle, C6.

Allen, K. M., 2001. Dog ownership and control of borderline hypertension: A controlled randomized trial. Presented at the 22nd Annual Scientific Sessions of the Society of Behavioral Medicine in Seattle, WA. March 24, 2001.

Allen K.M., Shykoff B.E., Izzo J.L., 2001. Pet Ownership, but Not ACE Inhibitor Therapy, Blunts Home Blood Pressure Responses to Mental Stress. Hypertension, 38:815–820.

Allen K. M., Blascovich J., Tomaka J., Kelsey R.M., 1991. Presence of human friends and pet dogs as moderators of autonomic responses to stress in women. J. Pers. Soc. Psych., 61(4):582–9.

American Kennel Club. Breed registration statistics. Retrieved June 5, 2004 from the AKC web site: http://www.akc.org.

American Horse Council. Horse Industry Statistics. Available from: http://www.horsecouncil.org/ahcstats.html (accessed 10/5/04) Industry Statistics.

American Pet Products Manufacturers Association (APPMA). Fact Sheet. 2003/2004. http://www.appma.org/press_industrytrends.asp (Retrieved January 10, 2004)

Anastasopoulou A., Weiss H.B., Forjuoh S.N., 1998. Fall Injuries in Pennsylvania. 1994. Center for Violence and Injury Control (CVIC), Department of Emergency Medicine, Pittsburgh, PA: Allegheny University of the Health Sciences. Retrieved December 19, 2002 from Pennsylvania Department of Health web site: http://www.health.state.pa.us/pdf/php/injprev/falls94.pdf

Arden, A., 2000. Dog Friendly Dog Training. Howell Book House.

AVMA [American Veterinary Medical Association] Task Force on Canine Aggression and Human-Canine Interactions. A community approach to dog bite prevention. 2001. JAVMA., 218:1732–1749.

Avner, J.R., Baker M.D., 1991. Dog Bites in Urban Children. Pediatrics, 88(1):55–57.

Bakker, T.C.M., 1985. Two-way selection for aggression in juvenile, female and male sticklebacks (Gasterosteus aculeatus L.), with some notes on hormonal factors. Behaviour, 93:69–81.

Bandow, J.H., Will breed-specific legislation reduce dog bites? 1996. Can. Vet. J., 37, 478–482.

Barker, S., 1999. Therapeutic Aspects of the Human-Companion Animal Interaction. Psychiatric Times,16 (2):45–6

Beck, A.M., Meyers, N.M., 1996. Health enhancement and companion animal ownership, Annual Review of Public Health, 17:247–257.

Beck, A.M., Katcher A.H. 1993. Between Pets and People: The Importance of Animal Companionship. Revised Edition. Purdue University Press, West Lafayette, IN .

Beck, A.M, Jones B.A. 1985. Unreported dog bites in children. Public Health Rep, 100, 315–321.

Belyaev, D. K., 1979. Destabilizing selection as a factor in domestication. J. Hered., 70:301–308.

Borchelt, P.L., and Voith V.I., 1983. Attacks by packs of dogs involving predation on human beings. Public Health Rep., 98:57–66.

Centers for Disease Control and Prevention (CDC). (2003). Nonfatal Dog Bite-Related Injuries Treated in Hospital Emergency Departments—United States, 2001. MMWR Morb Mortal Wkly. Rep., 52(26):605–610.

CDC. Dog-Bite-Related Fatalities—United States 1995–1996. 1997. MMWR Morb Mortal Wkly Rep., 46:463–467.

Centers for Disease Control and Prevention. Human rabies prevention—United States, 1999. Recommendations of the Advisory Committee on Immunization Practices (ACIP). MMWR Morb Mortal Wkly. Rep., 48(RR-1):1–21.

CDC—WISQARS (Web-based Injury Statistics Query and Reporting System) Online 2003. National Center for Injury Prevention and Control, Centers for Disease Control and Prevention. Available from: www.cdc.gov/ncipc/wisqars. (All data on mortality/morbidity/ED data)

CDC. Injury Fact Book 2001–2002. Available from: http://www.cdc.gov/ncipc/fact_book/factbook.htm#PDF

Coppinger, R., Coppinger, L., 2001. Dogs: A Startling New Understanding Of Canine Origin, Behavior, And Evolution. Scribner, New York. [Hunde, Animal Learn Verlag, 2003]

Curran, E.B., Holle, R. L., López, R. E., 1999. Lightning Casualties and Damages in the United States from 1959 to 1994. Journal of Climate, 13(9):3448–3464.

Daly, M., Wilson, M., 1988. Homicide. Aldine deGruyter, Hawthorne, NY.

Delise, K., 2002. Fatal Dog Attacks: The Stories Behind The Statistics. Anubis Press, Manorville, NY.
DENVER, COLO., REV. MUNI. CODE §8–55(a) (2001).

Dire, D.J., 1991. Cat bite wounds: risk factors for infection. Ann. Emerg. Med., 20:973–979

Donaldson, J., 2000. Hunde sind anders. Franckh-Kosmos Verlag.

Donaldson, J., 2003. Mine! A Guide To Resource Guarding In Dogs. Kinship Communications/SF-SPCA, San Francsicso, CA.

Dunbar, I., 2004. Before and After You Get Your Puppy. New World Library.

DTI, (U.K. Department of Trade and Industry) 1996. Fatal Drowning Accidents—5 Gallon Buckets. DTI, March 1996.

Favre, D. S., & Borchelt, P.L., 1999. Animal Law and Dog Behavior. Lawyers & Judges Pub. Co., Tuscon, AZ.

Friedmann, E., 1995. The role of pets in enhancing human well-being: Physiological effects. In I. Robinson (Ed.), The Waltham Book Of Human-Animal Interaction: Benefits And Responsibilities Of Pet Ownership (pp.33–53). Pergamon, Oxford, England.

Friedmann E., Thomas, S.A., 1995. Pet Ownership, Social Support, and One-Year Survival After Acute Myocardial Infarction in the Cardiac Arrhythmia Suppression Trial (CAST). Am. J. Cardiol., 76:1213–1217

Furber, S., 1998. Effects of companion animals on the quality of life of older people: A critical review and research agenda. Proceedings of Animals, Community Health and Public Policy Symposium. Sydney, Australia.

Fremont Boy, Four, Attacked By Pit Bull, April 20, 2003. San Francisco Chronicle, A26.

Gaffney, P., 2000. The domestic iron. A danger to young children. J. Accid. Emerg. Med., 17(3):199–200.

Gathright, A., February 6, 2001. Pit Bull Bites Three Boys: Is shot Dead. San Francisco Chronicle, A13.

Gershman, K.A, Sacks., J.J., Wright, J.C., 1994. Which Dogs Bite? A Case Control Study of Risk Factors. Pediatrics, 93(6): 913–916.

Gigerenzer, G., 2002. Calculated Risks: How to Know when Numbers Deceive You. Simon & Schuster, New York, NY. [Das Einmaleins der Skepsis. Über den richtigen Umgang mit Zahlen, Bvt Berliner Taschenbuchverlag, 2004]

Glassner, Barry., 1999. The Culture of Fear: Why Americans Are Afraid of The Wrong Things. Basic Books, New York, NY.

Goodloe, L.P., and Borchelt, P.L., 1998. Companion dog temperament traits. J. Appl. Anim. Welfare. Sci., 1:303–338.

Griego, R.D., Rosen, T., Orengo, I.F., Wolf, J.E., 1995. Dog, cat, and human bites: a review. J. Am. Acad. Dermatol., 33:1019–1029.

Gulevich, R.G., Oskina, I.N., Shikhevich, S.G., Fedorova, E.V., Trut, L.N., 2004. Effect of selection for behavior on pituitary-adrenal axis and propiomelanocortin gene expression in silver foxes (Vulpes vulpes). Physiol. Behav., 82(2–3):513–8.

Guy, N. C., et al., 2001. Demographic and aggressive characteristics of dogs in a general veterinary caseload. Applied Animal Behaviour Science, 74(1):15–28.

Guy, N. C., Luescher, U.A., et al., 2001. Risk factors for dog bites to owners in a general veterinary caseload. Applied Animal Behaviour Science, 74(1):29–42.

Guy, N. C., Luescher U.A., et al., 2001. A case series of biting dogs: Characteristics of dogs, their behaviour, and their victims. Applied Animal Behaviour Science, 72(4): 43–57.

Haltom, W., and McCann, M., 2004. Distorting the Law: Politics, Media, and the Litigation Crisis. Univ. of Chicago Press, Chicago, IL.

Hayward, G., 1996. Risk of injury per hour of exposure to consumer products. Accident Analysis & Prevention, 28(1):115–121

Headey, B., 2003 Editorial: Pet ownership: good for health? M.J.A., 179(9):460–461.

Headey, B., Grabka, M., Kelley, J., et al., 2002. Pet ownership is good for your health and saves public expenditure too: Australian and German longitudinal evidence. Aust. Social. Monitor., 4:93–99.

Hensler, D.R., et.al., 1991. Compensation for Accidental Injuries in the United States. Rand, Santa Monica, CA.

Hesselmar, B., Aberg, N., Aberg, B., Eriksson, B., Borksten, B., 1999. Does early exposure to cat or dog protect against later allergy development? Department of Pediatrics, University of Goteborg, Goteborg, Sweden. Clinical Exp. Allergy, 29(5): 611–7.

Horseback-Riding-Associated Traumatic Brain Injuries— Oklahoma (1992-1994), 1996. MMWR Morb. Mortal. Wkly. Rep., 45(10):209–211.

III., (Insurance Information Institute) Dog Bite Liability. Accessed 11/13/04 from: http://www.iii.org/media/hottopics/insurance/dogbite/

III., Facts and Statistics: Homeowners Insurance. Available from: URL: http://www.iii.org/media/facts/statsbyissue/homeowners/ [accessed11/20/04]

Introduction to the Caucasian Ovcharka, United States Caucasian Ovcharka Preservation Society. Accessed 6/25/04 from: http://www.ovcharka-breeds.com/THC1.htm

Jumbelic, M.I., Chambliss, M., 1990. Accidental toddler drowning in 5-gallon buckets. J.A.M.A., 263(14):1952–3.

Kahn, A., Bauche, P., Lamoureux, J., 2003. Child victims of dog bites treated in emergency departments: a prospective survey. Eur. J. Pediatr., 162(4):254–8.

Kingwell, B.A., Lomdahl, A., Anderson, W.P., 2001. Presence of a pet dog and human cardiovascular responses to mild mental stress. Clin. Auton. Res., 11:313–317.

Klaassen, B., Buckley, J.R., Esmail, A,. 1996. Does the Dangerous Dogs Act protect against animal attacks: a prospective study of mammalian bites in the accident and emergency department. Injury, 27(2):89–91.

Kochanek, K., Murphy, S.L., Anderson, R.N., Scott, C., 2004. Deaths: Final Data for 2002 National Vital Statistics Reports 53(5):1–116.

Krebs, J.W., Rupprecht, C.E., Childs, J.E., 2000. Rabies surveillance in the United States during 1999. J. Am. Vet. Med. Assoc., 217(12):799–811.

Kulikov, A.V., Zhanaeva, EIu., Popova, N.K., 1989. Change in tryptophan hydroxylase activity in the brain of silver foxes and wild Norway rats in the course of selection according to behavior. (Article in Russian) Genetika, 25(2):346-50. Abstract retrieved September 2, 2002, from PubMed database

LeDoux, J., 1996. The Emotional Brain. Touchstone, New York, NY. [Das Netz der Gefühle. Wie Emotionen entstehen, 2001]

Leshner, A. I., 1978. An Introduction to Behavioral Endocrinology. Oxford Univ. Press, New York, NY.

Lightning-Associated Deaths—United States (1980-1995), 1998. MMWR Morb. Mortal. Wkly. Rep., 47(19):391–394

Lindsay, S.R., 2001. Handbook Of Applied Dog Training And Behavior. (2 vols.) Iowa State University Press, Ames, IA.

Lockwood, R., Rindy, K., 1987. Are "Pit Bulls" different? An Analysis of the Pit Bull Terrier Controversy. Anthrozoos, I(1): 2–8.

Logan, P., Branche, C.M., Sacks, J.J., Ryan, G., Peddicord, J., 1998. Childhood drownings and fencing of outdoor pools in the United States (1994). Pediatrics, 101(6):E3

McNicholas, J., Collis, G.M., 2000. Dogs as catalysts for social interactions: Robustness of the effect. British J.Psych., 91:61–74

Messent, P. R., 1983. Social facilitation of contact with other people by pet dogs. In A. H. Katcher & A. M. Beck (Eds.), New Perspectives On Our Lives With Companion Animals (pp. 37-46). University of Philadelphia Press, Philadelphia, PA.

Moore, D.A., Sischo, W.M., Hunter, A., Miles, T., 2000. Animal bite epidemiology and surveillance for rabies postexposure prophylaxis. J. Am. Vet. Med. Assoc. 217(2):190–4.

Naumenko, E.V., Popova, N.K., 1989. Behavior, adrenocortical activity and brain monoamines in norway rats selected for reduced aggressiveness towards man. Pharmacol. Biochem. Behav., 33:85–91.

News in brief from the San Francisco Bay Area, Monday, April 21, 2003. Associated Press State & Local Wire. Retrieved July 21, 2003, from Lexis-Nexis Academic Index.

News in brief from the San Francisco Bay Area, Monday, April 22, 2003. Associated Press State & Local Wire. Retrieved July 21, 2003, from Lexis-Nexis Academic Index.

News in brief from the San Francisco Bay Area, Monday, April 23, 2003. Associated Press State & Local Wire. Retrieved July 21, 2003, from Lexis-Nexis Academic Index.

NYC Administrative Code §17–342(definitions) (2000).

Nikulina, E.M., 1991. Neural control of predatory aggression in wild and domesticated animals. Neurosci. Biobehav. Rev. 15: 545–547.

Nonfatal dog bite-related injuries treated in hospital emergency departments—United States (2001), 2003. MMWR Morb. Mortal. Wkly. Rep., 52(26):605–10

Nonfatal sports- and recreation-related injuries treated in emergency departments—United States (July 2000-June 2001), 2002. MMWR Morb. Mortal. Wkly. Rep., 51(33):736–40.

Rönmark, E., Perzanowski, M., Platts-Mills, T., Lundbäck, B., 2003. Four-year incidence of allergic sensitization among schoolchildren in a community where allergy to cat and dog dominates sensitization: Report from the Obstructive Lung Disease in Northern Sweden Study Group. Journal of Allergy and Clinical Immunology, 112(4): 747–754.

Odendaal, J.S., Meintjes, R.A., 2003. Neurophysiological Correlates of Affiliative Behavior Between Humans and Dogs. Vet. J., 165:296–301.

Oswald, M., 1991. Report on the Potentially Dangerous Dog Program: Multnomah County, Oregon. Anthrozoos, 5(4):247–54.

Ownby, D.R., Johnson, C.C., Peterson, E.L., 2002. Exposure to dogs and cats in the first year of life and risk of allergic sensitization at 6 to 7 years of age. J.A.M.A., 288(8):963–72.

Ozanne-Smith, J., Ashby, K., Stathakis, V,. 1998. Dog bites and injury prevention—a critical review and research agenda. Proceedings of Animals, Community Health and Public Policy Symposium. Sydney, Australia.

Parker, H.G., Kim, L.V., et.al. 2004. Genetic Structure of the Purebred Domestic Dog. Science, 304:1160–64.

Plyusnina, I., Oskina, I., 1997. Behavioral and adrenocortical responses to open-field test in rats selected for reduced aggressiveness toward humans. Physiology & Behavior, 61(3):381–385.

Popova, N., Voitenko, N., Kulikov, A., Avgustinovich, D., 1991. Evidence for the involvement of central serotonin in mechanism of domestication of silver foxes. Pharmacol. Biochem. Behav., 40:751–756.

Popova, N.K., Avgustinovich, D.F., Kolpakov, V.G., Plyusnina, I.Z., 1998. Specific [3H]8-OH-DPAT binding in brain regions of rats genetically predisposed to various defense behavior strategies. Pharmacol. Biochem. Behav., 59(4):793–7 Abstract retrieved October 24, 2001, from PubMed database.

Quinlan, K.P., Sacks, J.J., 1999. Hospitalizations for dog bite injuries (letter). J.A.M.A., 281:232–233.

Raina, P., Waltner-Toews, D., Bonnett, B., Woodward, C., Abernathy, T., 1999. Influence of companion animals on the physical and psychological health of older people: an analysis of a one-year longitudinal study. J. Am. Geriatr. Soc., 47(3):323–9.

Randolph, M., 2001. Dog Law. (4th ed.) Nolo, Berkeley, CA.

Ropeik, D., & Gray, G., 2002. Risk: A Practical Guide for Deciding What's Really Safe and What's Really Dangerous in the World Around You. Houghton Mifflin, Boston, MA.

Royal Society for the Prevention of Accidents. Home and Leisure Accident Surveillance System—Annual Report, 2000-2002. Retrieved June 10, 2004 from the ROSPA website at: http://www.rospa.com/hassandlass/reports/2002data.pdf

Sacks, J.J., Kresnow, M., Houston, B., 1996. Dog bites: how big a problem? Injury Prevention, 2:52–54.

Sacks, J.J., Sattin, R.W., Bonzo, S.E., 1989. Dog bite-related fatalities from 1979 through 1988. J.A.M.A., 262:1489–1492.

Sacks, J.J., Sinclair, L., Gilchrist, J., Golab, G.C., Lockwood, R., 2000. Breeds of dogs involved in fatal human attacks in the United States between 1979 and 1998. J.A.V.M.A., 217:836–840.

Sacks, J.J., Lockwood, R., Hornreich, J., Sattin, R.W., 1996. Fatal dog attacks (1989-1994). Pediatrics, 97, 891–5.

Scott, J.P., Fuller, J.L., 1965. Genetics and The Social Behavior of The Dog. Univ. of Chicago Press, Chicago, IL.

Serpell, J.A.,1990. Evidence for long-term effects of pet-ownership on human health. In L.H. Burger (Ed.), Pets, Benefits and Practice (pp.1-7). BVA Publications, London, England.

Serpell, J., 1991. Beneficial effects of pet ownership on some aspects of human health and behavior. J. Royal Soc. Med., 84:717–720. Abstract retrieved September 12, 2003, from PubMed database.

Serpell, J., Ed. 1995. The Domestic Dog. Cambridge Univ. Press, Cambridge, England.

Shyan, M.R., Fortune, K.A., King, C., 2003. Bark parks—a study on interdog aggression in a limited-control environment. J. Applied Animal Welfare Science, 6(1):25–32.

Sosin, D.M., Sacks, J.J., Sattin, R.W., 1992. Causes of non-fatal injuries in the United States (1986). Accident Analysis and Prevention, 24:685–687.

Squatriglia, C., Lee, H.K., 2001, January 31. Woman badly hurt in another dog attack. San Francisco Chronicle, A16.

Strotmeyer, S.J., Forjuoh, S.N., Coben, J.H., 1999. Dog Bite Injuries in Pennsylvania (1995). Pittsburgh,Pennsylvania: Center for Violence and Injury Control (CVIC), Department of Emergency Medicine, Allegheny University of the Health Sciences. Retrieved on December 12, 2002, from the Pennsylvania Department of Health website: http://www.dsf.health.state.pa.us/health/lib/health/old_dir/pdf/php/injprev/dogbite.pdf.

Suffocations in Grain Bins—Minnesota (1992-1995), 1996. MMWR Morb. Mortal. Wkly. Rep., 45(39):837–841.

Sward, S., 2001, March 18. SF Police Shoot Pit Bull. San Francisco Chronicle, A17.

Sylwester, R., 1997. The neurobiology of self-esteem and aggression. Educational Leadership, 54:75–9.

Talan, D.A., Citron, D.M., Abrahamian, F.M., 1999. Bacteriologic analysis of infected dog and cat bites. N. Engl. J. Med., 2: 85–92.

Tarrago, S.B., 2000. Prevention of choking, strangulation, and suffocation in childhood. W.M.J., 99(9):43–6.

Tinsworth, D., McDonald, J., 2001. Special study. Injuries and deaths associated with children's playground equipment. U.S. Consumer Product Safety Commission.

Trut, L. N., 1996. Sex ratio in silver foxes: effects of domestication and the star gene. Theoret. Appl. Genet., 92:109–115.

Trut, L. N., 1999. Early canid domestication: the farm-fox experiment. Amer. Sci., 87:160–168.

Voith, V.L., Borchelt, P.L., Eds., 1996. Readings in Companion Animal Behavior. Veterinary Learning Systems, Trenton, NJ.

Vormbrock, J.K., Grossberg, J.M., 1988. Cardiovascular effects of human-pet dog interactions. J. Behav. Med., 11:509–517 Abstract retrieved June 5, 2003, from Pub-Med database

Weiss, H.B., Friedman, D.I., Coben, J.H., 1998. Incidence of dog bite injuries treated in emergency departments. J.A.M.A., 279(1):51–53.

Wilks, K., 1999. When dogs are man's best friend — the health benefits of companion animals in the modern society. Proceedings of Urban animal management conferences in Australia: Dog related subjects.

Williams, H., Pembroke, A., 1989. Sniffer dogs in the melanoma clinic? Lancet, 1: 734.

Willis, C.M., Church, S.M., Guest, C.M., Cook, W.A., McCarthy, N., Bransbury A.J., et. al. 2004. Olfactory detection of human bladder cancer by dogs: proof of principle study. B.M.J., 329:712.

Wilson, E.O.. 1975. Sociobiology: The New Synthesis. Harvard University Press, Cambridge, MA.

Wright, J. C., 1985. Severe attacks by dogs: characteristics of the dogs, the victims, and the attack settings. Public Health Rep., 100:55–61.

Wright, J. C., 1990. Reported cat bites in Dallas: characteristics of the cats, the victims, and the attack events. Public Health Rep., 105:420–424.